AF219980

MARCO LÜGGE

DREAMING BIG

MEIN TRAUM VON BIG ISLAND

Bibliografische Information der Deutschen Nationalbibliothek:
Die Deutsche Nationalbibliothek verzeichnet diese Publikation
in der Deutschen Nationalbibliografie; detaillierte bibliografische
Daten sind im Internet über http://dnb.dnb.de abrufbar.

© 2021 Marco Lügge
Bildnachweis Buchcover: FinisherPix ®
Herstellung und Verlag: BoD – Books on Demand, Norderstedt

ISBN: 978-3-7534-5816-8

INHALT

VORWORT

Wenn ich zurückblicke, frage ich mich immer wieder, ob es die Rückschläge in meinem Leben waren, die es zu dieser Begeisterung für den Triathlon haben kommen lassen. Damals, 2004, war für mich noch nicht vorstellbar, dass mich dieser Sport eines Tages um die ganze Welt reisen und Abenteuer erleben lassen würde. Der Gedanke an die Teilnahme an einer Weltmeisterschaft im Ironman war für mich zu diesem Zeitpunkt völlig absurd!
Ich habe gelernt, physisch und psychisch an meine Grenzen zu gehen und meine Komfortzone ständig zu erweitern.
Rückblickend war – ganz klar – der Weg das Ziel. Auch wenn mir dies erst in den einzelnen Etappen meiner sportlichen Reise bewusst wurde. Ich habe wundervoll herzliche Menschen und friedvolle Kulturen kennengelernt, Freundschaften geschlossen und reizvolle Länder gesehen, die für viele verborgen bleiben.

KAPITEL 1

WIE ALLES BEGANN

Aus der Not eine Tugend machen – das erfuhr ich erstmals bewusst im Jahr 2004, als ich vor einem Scherbenhaufen in meinem Leben stand. Zwei Jahre zuvor hatte ich mein Studium im Bereich Maschinenbau begonnen, welches schneller Geschichte wurde, als mir lieb sein konnte. Keiner eigenen Schuld bewusst, schob ich alle Gründe für mein Scheitern auf externe Faktoren.

Zum Ende des ersten Semesters und somit nur noch wenige Wochen vor den Prüfungen quälten mich starke Schmerzen an der Ferse meines Fußes. Für mich gab es keinen erkennbaren Auslöser für diese Verletzung, denn ich hatte zu diesem Zeitpunkt lediglich sporadisch Sport getrieben. Ich konnte mich an keinen Fehltritt erinnern. Dieser Schmerz kam sowohl unerwartet als auch heftig. Nur wenige Tage später war ich nicht mehr in der Lage zu laufen und ließ mich von einem Freund zum Arzt fahren. Nach zwei Stunden, die ich mit schmerzverzerrter Miene auf der Liege im Wartebereich lag, würdigte mich der Orthopäde mit zwei Minuten seiner Anwesenheit und überwies mich zum Röntgen ins Krankenhaus.

Da die Röntgenbilder keinen Aufschluss zur Ursache meiner Schmerzen zuließen, wurde ich pro forma vorerst mit einem

9

entzündungshemmenden Schmerzmittel in hoher Medikation behandelt. Für die Wege zur Uni überließ mir mein Vater sein Auto, um mir die lange Strecke zwischen Bahnhof und Campus auf Krücken zu ersparen.

Bei den Semesterprüfungen versagte ich auf ganzer Linie. Meine Prüfungsergebnisse waren gleich in drei Fächern unterdurchschnittlich und forderten mich zwei Monate später zu den Nachprüfungen. Ich konnte meine stark verminderte Leistungsfähigkeit auf der Liste der Nebenwirkungen des Medikaments als ursächlich sehen, doch ich war inzwischen nur noch niedergeschlagen. Mein Gesundheitszustand wollte sich trotz mehrerer Besuche bei Ärzten und physiotherapeutischer Maßnahmen nicht verbessern. Im Gegenteil – die Medikamente fingen an, meinem Magen zuzusetzen, was meine Lage weiter verschlechterte.

Ich hatte mich so sehr auf das Negative der vergangenen Wochen konzentriert, dass ich meinen eigentlichen Weg und mein Ziel im Studium aus den Augen verlor. Mir fehlte es an Herzblut, an Engagement. Somit führte meine Einstellung bereits nach zwei Semestern zu einem jähen Ende und zur Exmatrikulation. Zu diesem Zeitpunkt war es nur noch ein schwacher Trost, dass ich endlich eine kompetente Ärztin gefunden hatte, die sich Zeit für mich nahm und die richtigen Schritte in die Wege leitete, um nicht nur meinem Fuß-, sondern auch meinem Magenleiden ein Ende zu setzen. Diagnose: Fersenriss, der mit einer simplen Schuheinlage therapiert werden konnte.

Die Exmatrikulation erreichte mich einen Tag nach der Deadline für die Einschreibung zu einem neuen Studiengang. Die Nacht darauf schlief ich unruhig, denn für die folgenden Monate gab es in meinem Leben keinen Plan, keinen Rhythmus, kein Ziel.

Nach der erforderlichen Anmeldung als arbeitssuchend beim Arbeitsamt fand ich mich bereits nach wenigen Tagen in einer Mischung aus Selbstmitleid und Selbstaufgabe wieder. Berieselt vom immer gleichen, oftmals niveaulosen Fernsehprogramm konnte ich mich nur schwer aufraffen, um erneut aktiv am Leben teilzunehmen und meinen Alltag sinnvoll zu gestalten. Ein guter Monat musste vergehen, um mich zu fokussieren und nach einem potenziellen Arbeitgeber für einen Nebenjob zu suchen. Schnell wurde ich fündig und brachte wieder Normalität in meinen Alltag.

Nach dem unfreiwilligen Zwangssemester Pause trat ich mein Studium im Bereich Verkehrswesen an. Kurz vor dem Ende des ersten Semesters stellte sich jedoch heraus, dass ich fälschlicherweise immatrikuliert worden war und nicht zu den Prüfungen antreten durfte. Eines meiner Pflichtfächer, das ich im vorherigen Studiengang nicht bestanden hatte, war auch Pflichtfach im aktuellen. Ich kannte diese Regelung nicht, der Prüfungsobmann aber sehr wohl und so wurde ich nicht zur Prüfung zugelassen. Ein Wechselbad der Gefühle begann und ich musste alle Hebel in Bewegung setzen, um nicht erneut vor dem Nichts zu stehen. Gemeinsam mit der Universität fand ich eine Lösung, wenn auch nicht zu meiner vollsten Zufriedenheit. Ich wählte schließlich einen Studiengang, in dem ich mich für die Vertiefung für den Bereich der Ingenieurgeologie entschied.

Zum Sommersemester 2004 begann ich somit meinen nunmehr dritten Studiengang. Meine komplexe Fußverletzung,

11

deren Langwierigkeit ich vor allem einer gehörigen fachlichen Inkompetenz oder mangelndem Interesse zweier »Engel in Weiß« zuschreibe, war nach einem Jahr endlich ausgeheilt. Ich hatte die nötige Sicherheit wiedergefunden, um den Fuß voll zu belasten und traf mich mit Freunden zum Beachvolleyball, um endlich wieder sportlich aktiv zu sein. Wir hatten gerade erst mit dem Spiel begonnen. Dennoch spürte ich bereits nach wenigen Minuten meine fehlende Kondition. Schon nach kurzer Zeit setzte ich mich erschöpft an den Spielfeldrand und blieb dort benommen sitzen. Es dauerte einige Zeit, bis ich wieder bei vollem Bewusstsein war und realisierte, was geschehen war. Dieses Gefühl mangelnder Kondition war für mich völlig neu, denn in der Freizeit und beim Schulsport war genau das meine Stärke. Es beängstigte mich zutiefst. Ich musste mir eingestehen, dass das eine Jahr verletzungsbedingte Zwangspause drastische Auswirkungen auf meine Leistungsfähigkeit hatte.

Das Erlebte beim Beachvolleyballspiel wollte ich nicht hinnehmen. Schnell schmiedete ich einen Plan, um wieder in Form zu kommen. Die Gedanken an meine guten Laufleistungen während der Schulzeit und Erinnerungen an Gespräche mit einem damaligen Mitschüler zum Thema Marathon weckten das Lauffeuer in mir. Als Berliner lag es für mich nah, den nächsten Berliner Marathon als erstes großes Ziel auszuwählen. Während heute bei der Anmeldung im Lotterie-Verfahren eine große Portion Glück dazugehört, konnte man sich 2004 selbst im Frühjahr direkt anmelden.

Da ich keinerlei Erfahrung hatte, um mir selbst einen Trainingsplan zu schreiben, mir aber sehr wohl bewusst war, dass es keinen Sinn machte, einfach draufloszulaufen, bestellte ich ein Buch mit dem Titel In 12 Wochen zum Marathon. Es waren mittlerweile nur noch 13 Wochen und ich suchte mir einen Trainingsplan für eine Zielzeit von fünf Stunden aus. Da ich praktisch bei null anfing, war auch mein Equipment zu der Zeit mehr schlecht als recht. Ich hatte ein paar ausgelatschte Laufschuhe, die allerdings nur optisch als solche durchgingen. Die Schuhe waren schon ein paar Jahre alt, aber als Student und mittlerweile Mieter in meiner ersten eigenen Wohnung war das Konto immer am Anschlag zum roten Bereich. Ich hatte auch keinerlei Funktionskleidung, sondern lediglich Baumwollshirts und Basketball-Shorts, was mir damals aber völlig egal war, denn ich genoss es, wieder ein Ziel vor Augen zu haben. Nicht weit von meiner Wohnung entfernt gab es einen stillgelegten Sportplatz mit einer 400-Meter-Bahn, die ich nutzte, um meine Trainingseinheiten zu absolvieren. Auf der kurzen Radfahrt war ich gedanklich regelmäßig schon am Wettkampftag und stellte mir die Menschenmassen, die Stimmung und das Wahnsinnsgefühl vor, wenn ich die Ziellinie überquere. Praktischerweise konnte ich mich auf der Bahn immer an die zu laufenden Distanzen halten. Darüber hinaus war ich noch völlig unerfahren und hatte mir keine weiteren Gedanken über das Training gemacht. Somit hatte ich mir auch keine Gedanken darüber gemacht, dass es sinnvoll sein könnte, mal die Richtung auf der Bahn zu wechseln. Mögliche Verletzungen oder Trainingsprobleme waren zu diesem Zeitpunkt noch kein Thema.

Die ersten Trainingseinheiten stimmten mich zuversichtlich, denn ich merkte schnell eine Zunahme der Kondition. Aber

13

die anfängliche Euphorie wich schnell der Trauer darüber, dass ich mir bereits nach zwei Wochen eine Grippe eingefangen hatte, die mich wiederum die nächsten zwei Wochen außer Gefecht setzte. Zum ersten Mal erlebte ich das Gefühl, auf ein sportliches Ziel hinzutrainieren, aber gesundheitlich zurückgeworfen zu werden.

Mein Ehrgeiz war ungebrochen. Ich hatte allerdings das Gefühl, das verpasste Training ausgleichen zu müssen und erhöhte die vorgegebenen Distanzen und Intensitäten. Es wäre schön gewesen, einen Trainingspartner zu haben, auch wenn mir das erst mal gar nicht gefehlt hatte. Der Austausch mit jemand anderem, der gleiche oder zumindest ähnliche Erfahrungen gemacht hat. So drehte ich weiter meine Runden, bis ich ein Stechen in meinem linken Knie spürte. Ich kam nicht auf die Idee, die Runde in die umgekehrte Richtung, geschweige denn eine gänzlich andere Strecke zu laufen, um etwas Abwechslung zu erleben. Somit schmerzte das Knie von Tag zu Tag mehr, sodass ich nach einer weiteren Woche Zwangspause fortan mit einer Kniebandage unterwegs war.

Mittlerweile war ein Viertel meiner geplanten zwölf Wochen Training aufgrund von Krankheit und Verletzung verloren. Trotz allem zelebrierte ich unablässig eine Trainingseinheit nach der anderen mit dem klaren Ziel vor Augen, im September durch das Brandenburger Tor und wenige Augenblicke später durchs Ziel zu laufen.

Nachdem ich die folgenden Wochen verletzungsfrei durchs Training gekommen war, gab es nur noch eine letzte Herausforderung. Ein letzter langer Trainingslauf vor dem großen Ereignis. Ich entschied mich zum ersten Mal abseits der

14

Laufbahn zu trainieren und plante mir eine 28-Kilometer-Strecke auf den Straßen Berlins. Mit über 30 °C war der Tag nicht ideal, dennoch machte ich mich zur Mittagszeit auf den Weg. Bereits die ersten Schritte auf dem Asphalt zauberten mir ein Lächeln ins Gesicht. Mir wurde klar, was ich in den vergangenen Wochen verpasst hatte. Ich genoss die Kilometer entlang der Straßen und saugte alle Eindrücke um mich herum auf. Entgegen jeder Vernunft hatte ich allerdings nichts zu trinken und auch kein Geld dabei. Mein Mund war nach der Hälfte der Strecke staubtrocken und mir musste schnell etwas einfallen, statt stur mein Programm abzuspulen. Mir kam der Garten meines Onkels in den Sinn, auch wenn ich nicht wusste, ob jemand da sein würde. Ich war mittlerweile so dehydriert, dass ich bei irgendwem aus einem Gartenschlauch getrunken hätte. Auf den letzten Metern wurde es immer schwerer, scharf zu sehen und es wurde schon etwas schwammig auf den Beinen. Nur noch zweimal abbiegen. Ich hatte Glück und mein Onkel war da. Endlich konnte ich meinen Durst stillen. Nachdem ich ein paar Gläser Wasser getrunken hatte, musste ich einen Moment im Schatten sitzen bleiben, um wieder Kraft zu tanken. Mir war immer noch schummrig und dank der Pause nun auch bewusst, wie leichtsinnig mein Vorhaben war. Dies sollte mir eine Lehre sein. Ich machte ich mich auf die letzten paar Kilometer Richtung Heimat und genoss den Rest des Tages mit den Beinen hochgelagert und einer Familienpackung Wassereis.

Allen Widrigkeiten zum Trotz stand ich am 26. September 2004 an der Startlinie. Es war ein verregneter Tag bei 9 °C, doch die Aufregung blendete das schlechte Wetter wieder aus. Begleitet von meinen Eltern und im Angesicht der Massen von Athleten war ich voller Ehrfurcht, was mir an diesem Tag bevorstand. Es war so unwirklich, dass die Minuten bis zum Start wie in einem Film abliefen.

Der Startschuss für meinen Startblock brachte mich live ins Geschehen zurück. Als Neuling startete ich aus dem letzten Block. Mit einem Baumwoll-T-Shirt, meiner Basketballhose, der Kniebandage und den völlig ausgelatschten Tretern nahm ich die 42,195 Kilometer in Angriff. Ich hatte vor allem die Erfahrung meines letzten langen Laufs noch in Erinnerung. An jeder Verpflegungsstelle griff ich ordentlich beim Wasser zu und musste nach rund 15 Kilometern merken, dass es dann doch etwas viel des Guten war. Da an jedem Dixi allerdings lange Schlangen zu sehen waren, wollte ich vorerst nicht stoppen. Die Stimmung war einfach phänomenal. Trotz des miesen Wetters standen unzählige Menschen am Straßenrand, die einen unablässig anfeuerten.

Noch vor Erreichen der Halbmarathon-Marke brach die Sohle in meinem rechten Schuh und Wasser drang ein. Ich versuchte mich nicht davon aus der Ruhe bringen zu lassen und lief weiter. Mein Tempo konnte nicht schnell sein, da sich die Felder um mich herum nach und nach lichteten. Ich gab mich nicht der Illusion hin, meine Mitstreiter hinter mir gelassen zu haben. Die Emotionen schossen immer wieder durch die Decke. Nicht nur am Streckenrand ließ man sich einiges einfallen, um die Aufmerksamkeit zu erwecken, auch ein paar der Läufer hatten spektakuläre und offensichtlich einschränkende Kostüme. Einer der Läufer hatte eine Leiter über seiner Schulter, was ihn jedoch nicht davon abhielt, mich zu überholen. Das wurmte mich dann doch ein

16

bisschen. Ich versuchte den Fokus wieder auf den Genuss zu legen, auch wenn mir das mit zunehmender Distanz immer schwerer fiel. Auch mein eher langsames Tempo sorgte dafür, dass sich die Witterung doch noch bemerkbar machte. Mir war einfach arschkalt. Die Beine wurden nicht nur durch die bereits zurückgelegte Distanz, sondern auch durch die vollgesogenen Schuhe unglaublich schwer. Trotzdem lief ein Teil des Rennens irgendwie wie in einem Film ab. Erst nach Erreichen der Straße des 17. Juni war ich wieder mental auf der Höhe und voll im Geschehen dabei. Ich hatte bereits die magische 35-Kilometer-Marke hinter mir, bei der zum Glück nicht der Mann mit dem Hammer auf mich gewartet hatte. Ich befand mich auf der Zielgeraden und das Durchlaufen des Brandenburger Tors sorgte für einen Gänsehautmoment. Mir schoss die Erinnerung durch den Kopf, als ich das Brandenburger Tor noch am Steuer meines Autos durchqueren konnte. Ein schöner Gedanke.

Auf den letzten Metern hatte ich ein Dauergrinsen im Gesicht und überquerte die Ziellinie nach 4 Stunden und 54 Minuten. Ich bekam eine Kältedecke umgehängt und endlich die verdiente Medaille. Ich war so stolz, nach all den Rückschlägen der letzten beiden Jahre dieses Ziel erreicht zu haben.

Die folgenden Tage und Wochen nutzte ich zur Erholung, hing verstärkt vor dem Fernseher und ohne es zu ahnen, würde das mein Leben nachhaltig beeinflussen. Es war der 17. Oktober 2004 und ich zappte einen Sender nach dem anderen durch. Plötzlich sah ich den Vorspann für die Zusammenfassung der Ironman-Weltmeisterschaft auf Hawaii. Natürlich hatte ich von Triathlon und auch vom Ironman gehört, aber ich hatte es noch nie bewusst wahrgenommen. Gebannt sah ich, wie Norman Stadler seinen ersten Sieg auf Hawaii einfuhr und war sprachlos darüber, wozu Menschen imstande sind. Nachdem ich einen Marathon gelaufen war und wusste, wie ich mich danach fühlte, blieb es unbegreiflich, wie solch eine sportliche Leistung möglich war. Ich begann mich zu belesen, da mir das Laufen zwar Spaß gemacht, aber mir doch etwas gefehlt hatte. Ich stellte glücklicherweise fest, dass es auch kürzere Distanzen gab. Als Kind bin ich gern und viel Rad gefahren, aber beim Schwimmen kam ich über laienhaftes Brustschwimmen nicht hinaus. Ich fasste die Sprintdistanz für 2005 ins Auge, verfolgte das aber die nächsten Tage nicht weiter.

Nachdem noch zwei weitere Wochen vergangen waren, spürte ich, wie ich immer rastloser wurde. Auch durchzuschlafen fiel mir immer schwerer. Das allgegenwärtige Unwohlsein führte dann doch dazu, mich in die Hände eines Arztes zu begeben. Nach einer kurzen Anamnese war schnell klar, dass mein abrupter Trainingsstillstand nach dem Wettkampf ursächlich dafür war. Um das Training wieder aufnehmen zu können, musste ich mir allerdings neue Laufschuhe besorgen. Ich wählte ein Fachgeschäft, um mir dieses Mal ein vernünftiges Paar zuzulegen. Trotz schlechter Beratung hatte ich am Ende die richtigen Schuhe in den Händen und merkte bei meinem ersten Lauf, was ich mir die drei Monate bis zum Marathon eigentlich angetan hatte. Nun hatte ich das Ziel und die Schuhe, aber noch keinen Plan, wie ich das anstellen sollte.

Ein paar Tage später, es war mittlerweile November, fuhr ich abends nach der Vorlesung mit der S-Bahn nach Hause. Zum ersten Mal traf ich auf dieser Strecke auf Thomas, einen meiner besten Freunde. Wir unterhielten uns über Gott und die Welt. Da fiel mir ein, dass er in der Jugend Schwimmer war und deshalb fragte ich ihn einfach direkt, ob er nicht Lust hätte, wieder mit dem Schwimmen anzufangen und mir bei der Gelegenheit das Kraulen beizubringen. Ich war überrascht, denn es brauchte keinerlei Überredungskünste. Im Gegenteil, er war sogar motiviert, ebenfalls am Triathlon teilzunehmen, was mich noch mehr beflügelte. Wir setzten unseren Plan direkt ab der folgenden Woche in die Tat um und gingen zweimal wöchentlich zum Schwimmtraining. Selbst in den Ferien suchten wir uns bei Hallenschließungen Alternativen, um im Training zu bleiben. Ich brauchte jedoch einen guten Monat, um die ersten Bahnen am Stück kraulen zu können. Die größte Schwierigkeit bestand für mich anfangs in der richtigen Atmung. Aber auch nachdem ich die Atmung einigermaßen im Griff hatte, gab es noch eine Menge Verbesserungspotenzial. Trotz allem ging es von Woche zu Woche spürbar besser. Das war auch wichtig, denn zwischenzeitlich hatten wir uns beide für den Spreewald Triathlon über die Jedermann-Distanz angemeldet.

Da der Sport und vor allem die Anschaffung des erforderlichen Equipments mit erheblichen Kosten einhergeht, hatte ich in meinem Nebenjob zwischen Weihnachten und Neujahr alle verfügbaren Nachtschichten eingelegt. Somit war ich in der Lage, mir mein erstes Rennrad zu kaufen, ein blaues Giant, mit etwas Zubehör für 1.100 Euro. Die ersten

Trockenversuche mit den Klickpedalen machte ich auf einem großen Parkplatz im nahe gelegenen FEZ (Freizeit- und Erholungszentrum). Die Koordination fiel anfangs nicht ganz leicht, denn auch das Fahren mit den dünnen Reifen wollte gelernt sein. Bei der Wahl meiner Strecken blieb ich vorsichtig und dadurch wenig abwechslungsreich. Ich suchte mir eine Strecke, die mich schnell raus aus Berlin nach Schönefeld führte und fuhr diese in den nächsten Wochen und Monaten immer wieder.

Da Erfolge am besten motivieren, setzte ich den Fokus in meinem Training allerdings auf meine Paradedisziplin, das Laufen, wodurch ich vor allem auf dem Rad praktisch keine Fortschritte machte. Aber auch mein Lauftraining war viel zu monoton und somit auch nicht wirklich zielführend. Ich lief ohne Anleitung und Plan meist ein Tempo von 4:30 bis 4:40 Minuten pro Kilometer und das unabhängig davon, ob ich acht oder 20 Kilometer vor mir hatte. Da sich keine wirkliche Verbesserung einstellte, verlor ich leider die Lust am Training. Ich machte die ersten beiden Jahre nur ein paar kleinere Wettkämpfe im Sommer und landete immer irgendwo im Mittelfeld. Zusätzlich absolvierte ich jährlich ein bis zwei Laufwettkämpfe. Hier konnte ich die ausbleibenden Verbesserungen schwarz auf weiß sehen, denn ich lief auf 10 Kilometer immer um die 40 Minuten ins Ziel. Das war zwar nicht schlecht, aber ich hatte einfach nicht verstanden, wieso ich nicht besser wurde.

In der Anfangszeit war allerdings das Rad meine größte Schwäche und ich bekam im Rennen immer wieder ordentlich Zeit eingeschenkt. Ich kam meist solide im ersten Drittel des Feldes aus dem Wasser, wurde dann von etlichen

Athleten auf dem Rad überholt, um wieder auf die gleiche Position vorzulaufen, die ich nach dem Schwimmen hatte. Ein Rennverlauf, der in Ordnung, aber mit zunehmendem Ehrgeiz frustrierend war. Erst nachdem ich 2007 bei einem Wettkampf von einem anderen Athleten angesprochen und zum Probetraining eingeladen wurde, ging die Formkurve nach meinem Eintritt beim SSC Berlin Grünau e. V. nach oben. Das Training aller Disziplinen unter fachkundiger Leitung machte einen enormen Unterschied und meine spürbare Leistungssteigerung ließ mich auch zum Trainingsjunkie werden. Mir wurde vermittelt, wie wichtig es ist, Tempounterschiede ins Training einzubauen, um das Tempo in die Höhe und die Zeiten nach unten zu schrauben. Schwimmen und Radfahren machten durch die größere Abwechslung von Strecke und Inhalt viel mehr Spaß. Ich kam erstmalig wirklich an meine körperlichen Grenzen und bemerkte schnell, dass ich dadurch besser wurde. Den größten Unterschied machte jedoch das Training zusammen mit anderen Athleten, denn gemeinsam Erfahrungen zu sammeln und zu teilen, ist unbezahlbar.

KAPITEL 2

ITU-LANGDISTANZ-WM ALMERE 2008

Völlig ungeplant und vielleicht gerade deshalb so besonders bleibt meine erste Erfahrung auf der Langdistanz. Noch kein Ironman ging über die klassische Langdistanz der Internationalen Triathlon Union (ITU) mit 4 Kilometern Schwimmen, 120 Kilometern Rad und 30 Kilometern Laufen. Schon von Beginn an im Verein ließ ich mir immer wieder mal einen Floh ins Ohr setzen, um an einigen außergewöhnlichen Trainingseinheiten und Wettkämpfen teilzunehmen. Kurz nach meinem Eintritt in den Verein bestand dieser Floh darin, sich gemeinsam für jene ITU-Langdistanz-Weltmeisterschaft in Almere anzumelden. Zu diesem Zeitpunkt hatte ich noch nicht mal einen Start über die Mitteldistanz auf der Habenseite. Meine bisherige Sportkarriere war ganz weit weg von »strukturiertem Training« und dennoch war das Thema für mich unwiderstehlich, da ich für verrückte Ideen immer zu haben war. Also meldete ich mich eine Woche später bei der Deutschen Triathlon Union für die WM in den Niederlanden. Zu meiner Überraschung bekam ich nur ein paar Wochen später tatsächlich die Rückmeldung, dass ich nunmehr gemeldet sei und somit Ende August wirklich zur WM fahren konnte. Ich hatte nie damit gerechnet, wirklich angenommen zu werden und so wuchs auch ein bisschen die Verunsicherung, da ich natürlich auch nicht Letzter werden wollte. Kaum hatte ich die frohe Botschaft erhalten, fragte ich bei den anderen nach, ob die auch schon eine Antwort bekommen hatten. Und da kam die eigentliche Überraschung – ich war offensichtlich der Einzige, der sich wirklich angemeldet hatte, denn bei den anderen passte es terminlich nicht und sie hatten »nur« vergessen, mir Bescheid zu geben. Ich war stinksauer, denn jetzt sollte ich allein nach Holland fahren, um da am Ende vielleicht mit Pauken und Trompeten unterzugehen?! Der Gedanke verpuffte glücklicherweise schnell wieder, da sich mit Nils doch noch ein weiterer aus dem Verein gemeldet hatte und angenommen wurde.

Um eine ansatzweise vergleichbare sportliche Belastung zu erleben, hatte ich mich für ein Rennen über die Mitteldistanz angemeldet. Erneut im Spreewald ging es diesmal über 2,2 Kilometer Schwimmen, 84 Kilometer Rad und 20 Kilometer Laufen. Erschwerend zur körperlichen Belastung kamen noch äußere Faktoren hinzu. Der Wetterbericht prognostizierte einen regnerischen Tag mit niedrigen Temperaturen. Nach einem guten Schwimmen lag ich auf Platz 50 und schwang mich auf mein neues Cervélo-Zeitfahrrad, das ich mir aus Einzelteilen selbst aufgebaut hatte. Kaum 100 Meter auf dem Rad unterwegs hatte ich einen Platten. Wie vorhergesagt hat es zu diesem Zeitpunkt in Strömen geregnet und es standen lediglich 17 °C auf dem Thermometer. Ich brauchte ewig, um mit meinen zittrigen Händen den Schlauch zu wechseln. Die bemitleidenden Sprüche der vorbeifahrenden Athleten machten es nicht wirklich besser. Für mich lag der Fokus jedoch darauf, Wettkampfkilometer über eine längere Distanz zu sammeln, also ging es darum, durchzuziehen. Ganze zehn Minuten brauchte ich für den Wechsel und nahm deprimierende 84 Kilometer in Angriff. Völlig durchgefroren ging es zum abschließenden Lauf, bei dem ich nur noch die Strecke hinter mich bringen wollte. Die Leistung beim Lauf war okay, aber irgendwie nur noch zweitrangig. 20 Kilometer später, immer noch im Regen, stand ich zitternd und mit blauen Lippen im Ziel.

Manchmal muss man einfach nur mal eine Nacht drüber schlafen, denn am nächsten Tag sah ich das Rennen aus einem völlig anderen Blickwinkel. Sicherlich ist es nicht optimal gelaufen, aber vor allem fühlte ich mich mental nach diesem harten Rennen deutlich gestärkt – ich hatte es durchgezogen.

Zeiten[1]

SWIM	–	0:40 Stunden
BIKE	–	2:51 Stunden
RUN	–	1:38 Stunde
Gesamt	–	5:11 Stunden

Ein weiterer wichtiger Punkt in der Vorbereitung war mein erstes richtiges Trainingslager. In Thüringen sammelte ich mit Nils, Robert und meinem Namensvetter Marco wichtige Kilometer in Richtung Weltmeisterschaft. Alle drei waren Liga-Starter in der Zweiten Triathlon-Bundesliga, aber ich mochte es von Anfang an, mit stärkeren Athleten zu trainieren. Mein erster »epischer« Anstieg war eine 20-prozentige

---

[1] Die Einzelzeiten sind immer auf volle Minuten abgerundet. Die Gesamtzeit beinhaltet die Wechselzeiten.

Rampe in Schweinbach, die sich so stark in mein Gedächtnis eingebrannt hat, dass wir diese einige Jahre später noch mal ins Programm mit aufgenommen hatten.

So anstrengend das Training war, so schön war das Wetter. Für mich jedoch am wichtigsten war der spürbare Leistungssprung, der sich einstellte, obwohl wir nur ein paar Tage vor Ort waren. Das half mir, meine Ängste in den Hintergrund zu rücken und mit positivem Blick in Richtung Saison-Highlight zu schauen.

Nach weiteren drei Wochen war es endlich so weit. Die Anreise Richtung Niederlande mit dem Auto war zwar lang, aber entspannt, da man alles bequem mitnehmen konnte. Wir hatten uns etwas außerhalb von Almere eine Hütte auf einem Campingplatz gemietet, die alles bot, was wir brauchten. Bei der Abholung der Unterlagen gab es das erste Treffen mit dem Betreuer der deutschen Delegation, der uns die Wochen zuvor mit sämtlichen Informationen per Mail versorgt hatte. Leider lag die DTU zu dieser Zeit im Clinch mit dem Ausstatter der deutschen Nationalmannschaft, wodurch man in diesem Jahr keine Deutschland-Einteiler bestellen konnte. Man hatte nun zwei Optionen, wie man starten konnte: Entweder man trägt eine zweite Startnummer mit »GER«-Aufdruck oder einen Deutschland-Einteiler aus einem anderen Jahr. Glücklicherweise konnte ich zwei Wochen vor Abfahrt noch einen Vorjahreseinteiler bei eBay ergattern und Nils hatte seinen noch vom WM-Rennen in Hamburg, ebenfalls aus dem Vorjahr. Ich wollte das volle WM-Erlebnis und da gehörte für mich der Start in einem Einteiler mit GER-Aufdruck einfach dazu. Die restliche Zeit vor dem Rennen nutzten wir für ein bisschen Sightseeing in Amsterdam und eine kurze Schwimm- und Laufeinheit.

Am Vortag hatten wir vor dem Check-in noch die Chance, die Athleten über die Ironman-Distanz zu sehen. Hierbei erblickte ich zum ersten Mal ein Rad der Marke ARGON 18, die ich bis dahin noch nie gesehen hatte. Für mich war es Liebe auf den ersten Blick, die mich nachhaltig beeinflussen sollte. Wir konnten uns allerdings auch nicht ausruhen. Der Check-in stand an und lief anders als bei anderen Rennen. Die Wettkampfrichter überprüften die Räder intensiver und es gab klare Cut-off-Zeiten, bis wann man diese einzuchecken hatte. Jeder Athlet hatte seine blaue Box, in die sämtliches Wechselequipment gelegt werden musste. Sollte etwas im Rennen außerhalb der Box landen, würde es eine Zeitstrafe geben. Beim Anblick der Plätze neben mir konnte ich mit Freude erkennen, dass die Weltmeisterschaft doch deutlich internationaler war, als von mir vermutet. Ich hatte damit gerechnet, dass das Teilnehmerfeld hauptsächlich aus Europäern bestehen würde, aber schon meine direkten Kontrahenten kamen von allen Kontinenten. Beim Verlassen der Wechselzone sahen wir, wie zwei andere Athleten abgewiesen wurden, weil sie ein paar Minuten zu spät für den Check-in waren. Ich musste daran denken, wie es mir gehen würde, wenn ich von einem anderen Kontinent angereist wäre, ein Jahr Vorbereitung in den Knochen hätte und alles wegen fünf Minuten Verspätung versaut hätte. Unvorstellbar!

Am Rennmorgen war ich nach einer recht kurzen Nacht erwartungsgemäß extrem aufgeregt. Die Wetterprognose

27

sagte über 30 °C voraus sowie starken Wind, der uns im flachen Holland nicht nur auf dem Rad zu schaffen machen sollte. Bei der Vorbereitung des Rads war ich spürbar nervöser als sonst. Durch die heißen Temperaturen sollte schon die Wahl des Luftdrucks nicht unbedacht sein und die Erinnerungen an das Pannen-Rennen im Spreewald kamen in mir hoch. Das Gefühl, im Deutschland-Trikot starten zu dürfen, war für mich unbeschreiblich. Vor dem Rennen gab es noch ein kurzes Foto von uns beiden und dann war auch schon jeder für sich. Die meisten haben ihre Rituale – manch ein anderer schwimmt sich exzessiv ein, andere wirken, als wären sie kein Stück nervös und wieder andere sind im Tunnel. Ich zählte bei den meisten Rennen zur letzten Gruppe.

Beim Schwimmen waren zwei Runden zu absolvieren, mit einer kurzen ersten und einer längeren zweiten Runde. Als der Startschuss ertönte, ging es im Neopren mit der klassischen Prügelei eines Massenstartrennens ins Wasser. Da es sich um eine Weltmeisterschaft handelte, wurde spürbar mehr ausgeteilt als bei anderen Rennen. Die erste Runde verging wie im Flug, denn ich war permanent damit beschäftigt, nicht ständigen »Feindkontakt« zu haben. Beim Landgang und dem obligatorischen Blick nach hinten hatte ich ein gutes Gefühl, allerdings war der Wellengang bereits auf dem ersten kurzen Stück nicht ganz ohne. In der zweiten Runde sollte ich beim Schwimmen an meine Grenzen kommen. Mit hohen Wellen, starker Strömung und dem direkten Blick in die aufgehende Sonne kam alles zusammen. Da ich nie auch nur ansatzweise unter ähnlichen Bedingungen trainieren konnte, war das für mich völliges Neuland. Das Schwimmen nahm gefühlt einfach kein Ende, aber es war noch immer der kürzeste Teil aller drei Disziplinen. Ich musste etliche Male Wasser schlucken und kam sowohl an die linke als auch die rechte Begrenzung des Schwimmfeldes. Vor allem das Ende nicht sehen zu können, war für mich eine mentale Herausforderung. Ich verließ das Wasser nach 1:37 Stunde und war völlig kraftlos. Beim anstehenden Wechsel musste ich erst mal für ein paar Sekunden durchschnaufen, da ich noch nie so fertig nach dem Schwimmen war. Meine eigentliche Angstdisziplin sollte allerdings jetzt kommen. Mit einem knappen 33er-Schnitt ging es über die topfebene Strecke, die von Zeit zu Zeit ein paar starke Windböen bereithielt. Ich wurde ordentlich durchgereicht und musste am Ende meiner ersten Runde erleben, wie es sich anfühlt, überrundet zu werden. Es waren zwar die Profis, die kurz vor uns gestartet waren, aber ich wollte diesen Moment um jeden Preis vermeiden. Ich hatte kaum Zeit, darüber nachzudenken, denn nur einen kurzen Moment nachdem ich den Hubschrauber hörte, überholte mich das Führungsmotorrad samt der Top-Profis.

In der zweiten Radrunde versuchte ich den Fokus wieder auf das Positive zu lenken, denn ich war ja nicht zum Jammern am Start. Immerhin war es eine Weltmeisterschaft und jedes Rennen war auch immer ein stückweit Training für den Geist. Es ging darum, aus jeder Situation das Beste zu machen. Dennoch hatte ich nie richtig Druck auf dem Pedal und so brachte ich nach weiteren 60 Kilometern die zweite Runde unspektakulär zu Ende. Der Wechsel lief geschmeidig und es ging auf die abschließenden 30 Kilometer.

Der angestaute Frust vom Rad entlud sich voll auf der ersten von zwei Runden. Ich war selbst überrascht, wie gut es lief

29

und lag nur knapp über einem 4-Minuten-Schnitt, den ich trotz Hitze und wenig Schatten auf den ersten 15 Kilometern halten konnte. Hier traf ich auch auf den Leiter der deutschen Delegation, der mich offenbar bereits in der zweiten Runde vermutete und mir noch mal ermunternde Worte zurief. Als er mich zum Beginn der zweiten Runde sah, konnte er die Enttäuschung nicht verbergen.

Die Hitze war mittlerweile unerträglich für mich, während die Sonne mir gefühlt das Fleisch von den Schultern brannte. Nach gut 20 Kilometern musste ich auf einer der wenigen Schattenpassagen das erste Mal gehen. Das war eine neue Erfahrung für mich, auf die ich gern verzichtet hätte, aber ich ließ mich von den vorbeilaufenden Athleten mitreißen und kam zumindest bis zur nächsten Verpflegungsstelle wieder in Schwung. Kaum hatte ich den ersten Becher in der Hand, musste ich wieder gehen und brauchte einige Schritte, um wieder Fahrt aufzunehmen.

Die letzten Kilometer der Laufrunde verliefen komplett am Wasser entlang. Man konnte durch die Biegung bereits aus der Ferne das Ziel erkennen. Hier waren die Fans sehr hilfreich, denn neben dem Deutschland-Trikot, das mich schon sehr stolz machte, trug ich auch zum ersten Mal eine Startnummer auf der groß mein Vorname stand. Ich wurde dadurch direkt mit meinem Namen angefeuert und das war einfach toll. Es beflügelte mich doch noch einmal das Tempo anzuziehen, wobei ich am Ende so am Limit war, dass ich mich nicht mal an den Zieleinlauf erinnern konnte. Was ich allerdings wusste, war, dass es bei Nils deutlich besser lief. Am Ende holte er Silber in seiner Altersklasse, was für einen runden Abschluss des Trips sorgte. Beim Reflektieren des

Rennverlaufs und der Vorbereitung hatte ich noch einiges an Potenzial für meine Form gesehen. Ich war zu diesem Zeitpunkt bereits für den Ironman Frankfurt im nächsten Jahr gemeldet und voller Vorfreude auf meinen erste volle Langdistanz.

Nach dem Rennen in Almere gab es noch einen kleinen Lichtblick. Der Veranstalter verschickte ein paar Wochen später ein offizielles Schreiben an alle Athleten mit den korrigierten Streckenangaben. Die Schwimmstrecke war über 500 Meter länger. Das erklärte auch, warum keiner der Profis unter einer Stunde geschwommen ist.

Zeiten
SWIM   –   1:37 Stunde
BIKE   –   3:41 Stunden
RUN   –   2:34 Stunden
Gesamt –   7:59 Stunden

KAPITEL 3

IRONMAN FRANKFURT 2009

Nach den Erfahrungen in Almere war ich hungrig auf das nächste große Rennen, in diesem Fall meinen ersten Ironman. Die Zielvorgabe sollte einzig und allein das Finish sein. Nachdem ich mir allerdings meine möglichen Einzelzeiten durchgerechnet hatte, wollte ich in jedem Fall unter zwölf Stunden finishen.

Die Vorbereitung über den Winter lief super. Ich hatte mir zwischenzeitlich noch ein Mountainbike zugelegt und fand mehr und mehr Spaß am Cross-Fahren. Ich genoss die Abwechslung, auf neuen Pfaden unterwegs zu sein. Auch die Läufe in der Kälte machten einfach Spaß. Selbst das Schwimmtraining in der dunklen Jahreszeit lief wie von allein. Ich war in einer Trainingsphase, die mir praktisch wöchentlich reflektierte, dass ich immer besser wurde. Unter anderem durch 50- und 400-Meter-Tests beim Schwimmen sowie Laufintervallen waren die Trainingsergebnisse nicht nur spürbar, sondern auch messbar. Im März erlebte ich dann doch einen ersten Rückschlag. Da ich meinen Trainingsumfang innerhalb eines Jahres von zwölf auf 20 Stunden pro Woche gesteigert hatte, kam es zu einer Überbelastung im Knie. Dies bestätigte mir auch der Orthopäde, wodurch ich zwar nicht mehr laufen, aber trotzdem weiter

33

Radfahren durfte. Beim Schwimmen sollte ich den Beinschlag weglassen und stattdessen einen Pullbuoy nutzen.

Zwischenzeitlich hatte ich mir auch mein Traumrad zugelegt, ein Argon 18 E-112 Zeitfahrrad samt Zipp-Laufrädern. Mit Radkreuz wurde mir ein Händler empfohlen, bei dem ich bereits beim ersten Termin merkte, dass ich angekommen war. Er hatte Argon noch nicht mal im Sortiment, aber nahm meine Rahmenbestellung zum Anlass, um das zu ändern. Ich erwischte mich die ersten Nächte immer wieder dabei, wie ich wach wurde, ins Wohnzimmer ging und das Licht anschaltete, um mir das Rad anzusehen. Ich konnte mich einfach nicht sattsehen. Den Aufbau hatte ich zusammen mit meinem damaligen Arbeitgeber und Freund Jörg gemacht. Auf Umwegen bin ich Teil der Firma geworden und arbeitete mittlerweile Vollzeit als Immobilienkaufmann in seiner Hausverwaltung. Beim Aufbau des Rads ging es mir immer darum zu wissen, wie ich etwas reparieren konnte, falls etwas nicht so läuft, wie es soll. Ich wollte das Rad nicht nur fahren, sondern auch verstehen.

Glücklicherweise war ich trotz der Verletzung in der Lage, das Radtraining zu bestreiten. Da das Laufen aber meine stärkste Disziplin war, machte ich mir keine allzu großen Sorgen, noch rechtzeitig in Form zu kommen. Ein wichtiger Punkt in der Vorbereitung waren die morgendlichen Radeinheiten um 6 Uhr im Grunewald. Meine Motivation für den anstehenden Ironman war groß genug, mich regelmäßig um fünf Uhr morgens aus dem Bett zu quälen, um gegen sechs Uhr auf dem zweiten Rad zu sitzen, das im Büro stand. Mit einer guten 40-Stunden-Woche plus 8 Stunden in einem Nebenjob und insgesamt 2 Stunden An- und Abfahrt täglich von meiner Wohnung und auch meinen üblichen Trainings-möglichkeiten entfernt, waren die Trainings-Zeitfenster spürbar eingeschränkt. Die Strecke im Grunewald war allerdings auch Teil des ebenfalls in meiner Vorbereitung anstehenden Velothon. Dieser war rückblickend betrachtet extrem gefährlich, da man zwar alles richtig machen kann, aber wenn einer der Mitstreiter nie oder nur selten in der Gruppe gefahren ist und einfach nicht weiß, wie man sich zu verhalten hat, ist das Risiko unkalkulierbar.

Nach mehreren Morgen-Trainings-Sessions im Grunewald war ich voll motiviert für den Velothon. Ich hatte an meinem Rennrad neue Laufräder, die ich voller Stolz am Renntag montiert hatte. Das war sicherlich etwas riskant, da ich eventuell noch Schaltung und Bremsen hätte einstellen müssen. Aber ich hatte Glück und alles hat direkt gepasst.

Ich startete gemeinsam mit Jörg, der uns die Tickets organisiert hatte. Zwar aus dem letzten Block, aber ich war voller Vorfreude auf das Rennen. Der Blick auf die vielen Highend-Räder ließ mein Herz höherschlagen. Ich hatte jedoch nicht damit gerechnet, dass es direkt mit Vollgas losgeht. Wir reihten uns in der ersten Gruppe unseres Blocks ein und waren wie an einer Perlenschnur aufgereiht. Nachdem wir die ersten 30 Kilometer souverän kreiselnd hinter uns gebracht hatten, rutschte mein Tacho-Sensor nach einem Schlagloch in Richtung Speichen. Es gab ein unaufhörliches Klackern und in diesem Moment setzte mein Verstand aus. Entgegen jeder Vernunft beugte ich mich nach vorn Richtung Gabel und versuchte bei über 40 km/h den Sensor mit meinen Fingern wieder nach außen zu drehen. Dies gelang mir nicht und so musste ich die Gruppe ziehen lassen, um kurz am

35

Rand stehen zu bleiben und den Sensor zu richten. Ich konnte nur noch auf die nächste Gruppe warten und fuhr dann mit dieser ins Ziel, wobei ich noch zwei schwere Unfälle sehen musste, die mich nachhaltig für die Gefährlichkeit von Radrennen sensibilisierten.

Nachdem ich das Rennen unbeschadet überstanden hatte, gab es auch bei meinem nächsten Arztbesuch gute Neuigkeiten. Mein Knie hatte sich erholt und ich war in der Lage, das Lauftraining wiederaufzunehmen. Ich hatte die Umfänge etwas runtergeschraubt, aber lag trotzdem dauerhaft über meinen geplanten Stunden Training pro Woche. Die leichte Entlastung war ausreichend, um mich nicht erneut zu verletzen. Zwei Wochen vor dem Ironman Frankfurt hatte ich noch einen 30-Kilometer-Lauf im Programm, den ich im angestrebten Wettkampftempo von 5:00 Minuten pro Kilometer gelaufen bin. Ich war etwas zügiger unterwegs, ohne mich völlig zu verausgaben, aber wusste nun, dass ich in der Form am Start sein konnte, die ich haben wollte.

An meinem letzten Arbeitstag vor der Abreise nach Frankfurt fuhr ich motiviert mit dem Auto nach Hause. 20 Meter vor der Einfahrt zur Tiefgarage fuhr ein unvorsichtiger Autofahrer vom Bürgersteig runter und mir direkt ins Auto. Da der Schaden an meinem Auto zu groß war, musste ich mit einem Mietwagen meine Reise antreten, aber ich versuchte mich von diesem Ereignis nicht weiter beeinträchtigen zu lassen.

Die Fahrt war in dem Mietwagen dann doch deutlich komfortabler als in meinem Smart. Nach einer sechsstündigen Autofahrt kam ich am Rand von Frankfurt, genauer gesagt,

36

in der Nähe vom Langener Waldsee an. Das Gefühl und die Anspannung vor dem Highlight war allgegenwärtig. Wohin man sah, gab es Athleten oder Banner, die einem einen Vorgeschmack auf den Wettkampftag gaben. Ich hatte das Hotel strategisch gewählt, um noch gute Möglichkeiten für ein paar kurze letzte Trainingseinheiten zu haben. Außerdem wollte ich am Wettkampftag schnell am Start sein.

Bei der Abholung der Wettkampfunterlagen in der Frankfurter Altstadt bekam ich das erste Mal richtig Gänsehaut. Die Zuschauertribüne wurde gerade aufgebaut und ich holte meinen prall gefüllten Rucksack mit allen Startunterlagen ab. Außerdem bekam ich das Startbändchen, das mich für jeden sichtbar zu einem angehenden Ironman machte. Ich trug es mit stolz geschwellter Brust, denn ich hatte eine Menge harte Arbeit in dieses Projekt gesteckt.

Das Racebriefing fand etwas abseits statt. Für mich war das alles neu und spannend und ich war schon beeindruckt von der Menge an austrainierten Athleten um mich herum. Jeder mit seiner eigenen Geschichte und sicherlich ebenfalls beschwerlichen Wegen, um am Tag der Tage topfit an der Startlinie zu stehen. Doch plötzlich wurde es sehr ruhig und ernst. Es wurde angekündigt, dass erstmals 50 Agegrouper vor dem Rennen zur Dopingkontrolle müssen. Falls diese nicht zur Kontrolle erschienen, würden sie lebenslänglich für Ironman-Rennen gesperrt. Ich blickte auf die andere Seite des Tisches und sah zwei Männer mit verschwitzter Stirn, die sich ängstlich ansahen. Hier bekam meine Leidenschaft für den Sport zum ersten Mal einen Dämpfer, da ich die rosarote Brille abnehmen musste, um zu erkennen, dass auch im Bereich der Altersklassen-Athleten nicht alle mit fairen Mitteln spielten. Es gilt immer die Unschuldsvermutung, aber ich durfte mich nicht der Illusion hingeben, dass alle sauber waren. Die Namen wurden nun aufgerufen, meiner war jedoch nicht dabei. Scheinbar auch nicht die Namen der beiden Männer, da man ihnen die Erleichterung ansehen konnte. Für mich stand das Finish im Vordergrund und so versuchte ich das schnell auszublenden, um mich wieder aufs Wesentliche zu konzentrieren.

Auf der Expo ließ ich mich direkt am zweiten Stand zu einem vermeintlichen Schnapper hinreißen. Ich kaufte mir für 50 Euro einen Aerohelm, den ich nie tragen und nach drei Jahren zum gleichen Preis weiterverkaufen würde. Allerdings etablierte ich auch ein Ritual: Ich kaufte mir bei jedem Rennen, egal ob als Athlet oder Supporter immer einen Visor, wobei ich in Frankfurt mit einem Basecap begonnen hatte. Dementsprechend verfüge ich mittlerweile über eine stattliche Zahl an Staubfängern, da ich diese nur selten trug. Trotzdem könnte ich mich von ihnen genau wie von den Medaillen niemals trennen.

Ich fuhr wieder zurück ins Hotel und bereitete die Wechselbeutel vor. Im Vorfeld hatte ich mir eine Checkliste gemacht, wie auch vor jeder Abreise zu Wettkämpfen, um nichts Wichtiges zu vergessen. Zu dieser Zeit gab es noch keine Apps dafür, aber in manchen Dingen bin ich gern »oldschool«. In jeden Beutel packte ich mir zusätzlich ein Gel, die ich am Wettkampftag noch in den Wechselzelten nehmen konnte.

Nach einer Nacht mit viel Schlaf und einem guten Frühstück machte ich am Vortag des Rennens noch einen 6 Kilometer Aktivierungslauf. Dieser war mittlerweile festes Ritual bei mir, unabhängig von der Distanz im Rennen. Dabei waren die ersten 3 Kilometer locker, Kilometer 4 schnell, Kilometer 5 mit vier kurzen Steigerungen und Gehpausen und Kilometer 6 zum Auslaufen. Danach ging es für mich unter die Dusche und im Anschluss wieder aufs Bett, um mich noch ein bisschen zu erholen, bevor ich mich auf den Weg zum Check-in machte.

Bei meiner Ankunft in der Wechselzone sah ich zum ersten Mal live meine Idole wie Faris Al-Sultan, Andreas Raelert, Timo Bracht und Chris McCormack. Neben den Helden unseres Sports warf ich aber auch einen Blick auf die Räder, die schon beeindruckend waren. Mir wurde wieder bewusst, dass Profis und Amateure zusammen im gleichen Wettkampf starten, was in Sportarten wie Fußball undenkbar wäre. Ich traf aber auch auf bekannte Gesichter aus meinem Verein und war voller Vorfreude auf den Tag X. Es war ein heißer Tag und ich versuchte mich nicht zu lange in der Sonne aufzuhalten.

Nun war es so weit. Nach einer überraschend erholsamen Nacht klingelte mein Wecker um 3 Uhr morgens. Für einen kurzen Moment dachte ich darüber nach, dass ich am gleichen Abend wieder in diesem Bett liegen würde und hoffentlich eine Medaille um den Hals trage. Ich hatte mir eine Laugenbrezel für den Morgen besorgt und würgte diese mit viel zu wenig Wasser runter. Die Aufregung war nun nicht mehr zu verbergen und ich rannte von einer Seite des Zimmers zur anderen. Zum Glück waren es bei knapp zehn Quadratmetern inklusive Badezimmer überschaubare Strecken und ich konnte mich somit nicht schon vor dem Start verausgaben.

Mit zittrigen Händen mixte ich mir zwei Flaschen mit ISO-Pulver, wobei ein nicht unerheblicher Teil neben der Trinkflasche landete. Es war ein Pulver auf Basis von Maltodextrin, was ich auf Empfehlung probiert hatte und meinem Magen auch im Training gut bekam. Die restlichen Sachen hatte ich bereits am Vortag zusammengepackt, sodass ich nicht in Hektik verfallen musste.

Es war ein wirklich schöner Morgen. Für den Wettkampftag waren Temperaturen um die 30 °C sowie strahlender Sonnenschein vorhergesagt. Für mich war zu diesem Zeitpunkt noch nicht so richtig klar, ob ich das nun gut oder schlecht finden sollte, da ich noch das Rennen in Almere in Erinnerung hatte, bei dem ich das erste Mal gehen musste. Ich wollte mich dieses Mal allerdings durchbeißen und nach Möglichkeit nicht mal an den Verpflegungsstellen gehen. Ich schnappte mir all meine Sachen, stieg ins Auto und fuhr zum Langener Waldsee. Da ich noch vor Öffnung der Wechselzone da war, hatte ich auch keine Probleme damit, einen Parkplatz zu finden. Den Rest der Strecke ging ich mit Kopfhörern eingestöpselt zu Fuß bis zum Eingang der Wechselzone. Hier musste ich noch ein paar Minuten warten, bis ich endlich an mein Rad kam, um alles vorzubereiten.

Erster Schritt war immer der Gang zu den Luftpumpen. Da es ein heißer Tag werden sollte und es auch Kopfsteinpflaster gab, wollte ich kein unnötiges Risiko eingehen und entschied mich für 8 bar. Außerdem hatte ich Schlauchreifen, mit denen ich nur einmal in der Vorbereitung zum Test eine Panne simuliert hatte. Danach ging es zurück zu meinem Wechselplatz. Am Lenker befestigte ich die Aero-Flasche, die mir später noch zu schaffen machen sollte. Die Schuhe wurden wie mittlerweile bei jedem Rennen schon in die Pedale geklickt und mit einem Gummi in Position gehalten. Danach noch die restlichen Flaschen, Werkzeug und den Tacho ran.

Zur Überraschung vieler gab es kein Neopren-Verbot, obwohl der See am Vortag deutlich über 25 °C aufwies. Da ich nicht der beste Schwimmer war, kam mir die Entscheidung allerdings entgegen und ich sah das als ein gutes Zeichen. Ich schmierte mich noch mit der 50er-Sonnencreme ein und präparierte die möglichen Scheuerstellen mit Vaseline.

Mit Ehrfurcht stand ich am Rand des Langener Waldsees und blickte in die Augen meiner Mitstreiter. Zwischen Euphorie und panischer Angst war alles zu sehen. Wir sahen den Start der Profi-Männer und Frauen, um uns dann selbst für den Beginn unserer Reise vorzubereiten. Das Schwimmen wurde als Massenstart durchgeführt, wobei man schon ein Stück bis zur Startlinie schwimmen musste. Die Ansagen des Sprechers konnte ich kaum mehr verstehen, da ich mittlerweile im Tunnel war und den Fokus voll auf mein Rennen setzte. Ich hatte nicht viele Erwartungen, aber ich wollte in jedem Fall mit einer Zeit von unter zwölf Stunden ins Ziel kommen.

Nach ein paar nicht enden wollenden Minuten kam endlich der erlösende Startschuss. Direkt auf den ersten Metern gab es mehr Rangelei als erhofft. Ich hatte mich im vorderen Feld einsortiert und musste meine Position verteidigen, um nicht durchgereicht zu werden. Ich bekam diverse Ellenbogen, Knie und Füße ab, hielt aber dagegen. Bis zur ersten Boje hatte ich einen Mitstreiter neben mir, der einfach immer wieder austeilte und dem es dabei offensichtlich ums

41

Prinzip ging. Ich war zu sehr im Tunnel und kam nicht auf die Idee, ein Stück weiter links zu schwimmen. Nach diesem kräftezehrenden ersten Stück konnte ich mich nach der Boje endlich von ihm absetzen und nun den Fokus voll und ganz auf meinen eigenen Wettkampf legen. Nach der ersten Hälfte vom Schwimmen gab es einen kleinen schmerzhaften Landgang, da nur der Bereich oberhalb des Wassers mit einem Teppich ausgelegt war und man danach auf Kieseln laufen musste. Die zweite Hälfte verlief dann recht unspektakulär. Ich hatte es leider versäumt, mir einen guten Wasserschatten zu suchen, sodass ich nicht das Optimum rausgeholt hatte. Der Schwimmausstieg nach 1:06 Stunde war dennoch besser als erwartet. Kaum hatte ich wieder Boden unter den Füßen, offenbarte sich mir die Rampe durch den feinen Sand hoch zur Wechselzone. Auch wenn ich, wie ich auf den Bildern im Nachhinein sehen konnte, angestrengt geguckt hatte, war es doch ein Genuss, durch die jubelnde Menge zu laufen. Ich zog mir den Neoprenanzug erst etwas zu spät aus und hatte dadurch ein paar Schwierigkeiten, diesen im Wechselzelt auszuziehen. Auf dem Weg dahin schnappte ich mir meinen Wechselbeutel, dessen Position ich mir am Vortag gut eingeprägt hatte. Ich trocknete mich ein bisschen ab, drückte mir ein Gel rein, machte meine Startnummer um und setzte den Helm auf. Vollgepumpt mit Adrenalin rannte ich Richtung Fahrrad, um mich auf die 180 Kilometer durch Frankfurt und die schöne Wetterau zu machen. Im Vorfeld zum Rennen hatte ich Bilder vom Vorjahr mit stürzenden Athleten beim Aufsprung aufs Rad gesehen. Aus diesem Grund hatte ich mich bereits vor dem Rennen

42

dafür entschieden, auf die paar Sekunden Zeitverlust zu pfeifen und den Aufstieg kontrolliert anzugehen.

Auf den ersten Kilometern der Radstrecke musste ich Puls und Atmung erst mal wieder runter bekommen und durfte es nicht zu schnell angehen. In einer Zeit, in der ich weder nach Puls noch Watt trainiert hatte, konnte ich mich nur auf mein Gefühl verlassen. Mein Tacho hatte mich direkt nach dem ersten Kilometer im Stich gelassen und zeigte mir gar nichts mehr an. Meine nicht ganz ungefährlichen Versuche, das Problem während der Fahrt in den Griff zu bekommen, waren nicht von Erfolg gekrönt, also musste es auch ohne gehen. Lediglich meine Pulsuhr ohne Puls konnte ich durch die Uhrzeit als grobe Orientierung nutzen.

Nachdem ich mich etwas akklimatisiert hatte, ging es in den Kopfsteinpflaster-Anstieg, genannt »The Hell«. Prinzipiell war der Anstieg nicht schwer hochzudrücken, allerdings flog mir nach den ersten Metern das Netz aus meiner Aeroflasche, wobei sich die klebrige Brühe über meinen Rahmen und meine Beine ergoss. Das Netz diente als Spritzschutz, damit nichts von innen herauskam, man aber noch von außen eingießen konnte. Nicht so richtig lecker, aber passiert nun mal und weitermachen. Abgesehen davon war ich so überwältigt von den Eindrücken und der Stimmung, dass ich zumindest innerlich ein dickes Grinsen hatte. Es gab so viele süße kleine Spots, an denen sich die Fans aufstellten, dass die Zeit vor allem in der ersten Runde schnell verging. Ich hatte mein gefühltes Tempo gefunden und fuhr die Runde kontrolliert weiter. In Bad Vilbel gab es dann einen Moment, auf den ich mich schon im Vorfeld gefreut hatte. Mit viel Gänsehaut fuhr ich den Heartbreak Hill hoch und blickte in

Tausende von Gesichtern, die einen mit aller Kraft nach oben brüllten. Das Spalier von Menschen war für mich in einem Triathlon noch völlig neu. Nachdem man die Menschenmassen passiert hatte, zog sich der Anstieg allerdings noch unerwartet lang. Hier machte sich meine mangelhafte Vorbereitung mit dem Streckenprofil bezahlt, da ich praktisch nur die Highlights kannte, aber sonst keine Ahnung von der Strecke hatte. Dies aber eigentlich auch nicht ohne Grund, denn es war mein erster Ironman, bei dem ich einfach mein Ding durchziehen wollte, ohne zu verkrampft zu werden.

Nach dem Heartbreak Hill ging es wieder runter nach Frankfurt. Es war schon ein ziemlich geiles Gefühl, durch die gesperrte City zu fahren. Selbst ein Tunnel, in dem ich durch die Sonnenbrille praktisch keine Sicht mehr hatte, zauberte mir ein Grinsen ins Gesicht. Um keinen Crash zu bauen, hatte ich auf den Coolness-Faktor beim Durchfahren des Tunnels allerdings verzichtet und die Brille schnell abgesetzt. Ich konnte noch kurz die Stimmung im Bereich der Wechselzone aufsaugen und fuhr in Runde 2.

Ab Kilometer 100 bekam ich Probleme im unteren Rücken. Ich war kaum noch in der Lage, die Aero-Position zu halten, die mit der damaligen Überhöhung zwischen Lenker und Sattel auch fast unfahrbar für mich war. Sah halt cool aus, war wahrscheinlich auch aerodynamisch nicht schlecht, aber zumindest über die Ironman-Distanz für mich nicht durchhaltbar. Somit musste ich einen Großteil der zweiten Runde mit den Händen am Oberlenker fahren. Ich versuchte mich dennoch auf das Positive zu konzentrieren, nämlich die Tatsache, dass ich immer noch ein gutes Gefühl in den

Beinen hatte und weiter mein gefühltes Tempo fahren konnte.

In der zweiten Runde am Heartbreak Hill war es dann schon deutlich leerer. In der Abfahrt Richtung Frankfurt konnte ich noch mal einige Athleten einsammeln, die mich vorher überholt hatten. Mit voller Vorfreude steuerte ich nach 5:35 Stunden auf dem Rad das Ende der zweiten Runde und somit die Wechselzone an. Ich hatte auf den letzten Kilometern regelrecht Vorfreude aufs Laufen bekommen. Vielleicht wollte ich aber auch einfach nur noch vom Rad runter. Ich verkniff mir runterzuspringen und stieg mit gebotener Vorsicht ab. Die Beine waren noch etwas wacklig, als ich mein Rad in die Hände eines Helfers übergab. Da ich im Racebriefing gut aufgepasst hatte, fand ich meinen Wechselbeutel recht schnell, auch ohne die Wechselzone vorher gesehen zu haben. Im Wechselzelt setzte ich mich kurz auf eine Bank und war zwiegespalten, was meine Emotionen anging. Auf der einen Seite war ich erleichtert, dass die Erschöpfung für einen kurzen Moment ein Ende hatte, auf der anderen Seite verspürte ich Vorfreude auf meine vermeintlich stärkste Disziplin. Im Zelt wurde ich von einer Helferin unterstützt. Sie schüttete meinen Beutel aus, ich zog mir Socken und Schuhe an, drückte mir wieder ein Gel rein, setzte meine Laufmütze auf und begann den abschließenden Marathon. Ein kurzer Blick auf die Uhr machte mir klar, dass ich für meinen Fahrplan sehr gut in der Zeit lag. Insgesamt war ich noch keine 7 Stunden unterwegs und einen Marathon unter 5 Stunden traute ich mir in jedem Fall zu.

An der ersten Verpflegungsstelle machte ich allerdings fast einen folgenschweren Fehler. Statt den Becher mit Wasser

45

zu greifen, griff ich einen Becher mit Salzwasser. Ich schluckte mehr davon runter, als gut für mich war und kämpfte die nächsten zehn Minuten damit, mich nicht zu übergeben. Sicherlich ist Salzzunahme wichtig, aber wenn es so unerwartet kommt wie in diesem Fall, dann kann es auch kontraproduktiv sein. Es blieb glücklicherweise ohne Folgen und ab dann begann der Kampf gegen die Hitze, während die Kräfte immer weiter schwanden. Ich genoss die vielen Menschen an der Strecke, die einen direkt ansahen und die richtigen Worte fanden – mal zum Nachdenken, mal zum Lachen, aber immer gut und wichtig! Entlang des Main ging es über vier Runden und somit auch acht Mal über Brücken, um das Rennen zu Ende zu bringen. An den Verpflegungsstellen passte ich nun mehr auf und griff erst Wasser für einen kurzen Schluck, dann ein Gel, dann wieder Wasser und zum Schluss eine Handvoll Schwämme. Die Mütze verhinderte Verbrennungen am Kopf, aber ich hatte nicht daran gedacht, die Sonnencreme am Rest des Körpers aufzufrischen. Langsam machte sich der Sonnenbrand in Form von Schmerzen bemerkbar, was mich leider trotzdem nicht dazu bewegte, an einem Zelt »Halt« zu machen, um entsprechend nachcremen zu lassen.

Während sich mein Einteiler immer mehr den Weg in meine Haut und den Sonnenbrand bahnte, erreichte ich voller Freude den Bereich für das erste Rundenbändchen. Ab diesem Moment merkte ich jedoch, wie sehr ich auf die Arme der anderen Athleten und deren Bändchen achtete. Der Konkurrenzgedanke war selbst bei diesem Rennen schon ziemlich stark ausgeprägt, obwohl es erst mal ein erstes Schnuppern und ohne Platzierungsambitionen war. Das

Ende der ersten Runde war ein Wechselbad der Gefühle — auf der einen Seite die Bombenstimmung, auf der anderen der Gedanke, dass ich noch ganze drei Runden vor mir hatte. Meine Pace musste der Hitze und der Erschöpfung Tribut zollen und so wurde ich erwartungsgemäß von Runde zu Runde langsamer.

Ich schaffte mir Routinen: Mittlerweile wusste ich genau, wann die Verpflegungsstellen kamen und ging immer nach dem gleichen Muster vor: Wasser, Gel, Wasser, Schwämme. Das Gel jedoch nur an jeder zweiten Verpflegung. Die Routine half mir, den Marathon in kleine Häppchen zu portionieren, wodurch die Distanz nicht mehr so gewaltig wirkte. Zwischendurch kamen ein paar Profis an mir vorbei, die sich in ihrer letzten Runde befanden. Manch einer noch recht schnell, manch einer schon ordentlich am Leiden. Jeder im Feld musste den Kampf mit sich allein austragen. Ich dachte vermehrt daran, was ich alles schon geschafft hatte, um an diesen Punkt zu kommen. Nicht nur das Rennen selbst, sondern vor allem die zum Teil extrem harten Trainingswochen und -monate waren Motivation, um mich weiter über den Asphalt zu schleppen. Die Runden 2 und 3 liefen wieder einmal wie in einem Film ab und ich war mit der Pace zufrieden. In der letzten Runde war es dann fast nur noch der unbedingte Wille, es ohne Gehen zu schaffen, weswegen ich weiter an die Verpflegungsstellen lief. Ich sah mittlerweile fast nur noch auf Arme, die weniger Bändchen hatten als meiner und das gab mir noch mal einen ordentlichen Push. Außerdem griff ich erstmals zur Cola, die mir einen Energieschub für die letzten Kilometer gab. Vor meinem inneren Auge lief ich wieder in einem guten Tempo.

Ein letztes Mal schleppte ich mich über die Brücke über den Main, lief die Schleife runter zum Wasser, vorbei an den Tausenden Zeitfahrrädern und war bereit, zum ersten Mal nach rechts in Richtung Römer abzubiegen. Ein letzter Blick auf die anderen Athleten, die noch Kilometer vor sich hatten und dann gab es Gänsehaut pur. Der Lauf über den roten Teppich war einfach ein Genuss und bleibt unvergesslich. Ich lief durchs Ziel und war starr vor Schock. Erst ein paar Sekunden später realisierte ich, was geschehen war. Ich drehte mich um und sah das erste Mal auf die Zeit. Es war unglaublich – 10:43 Stunden! Ich war fassungslos vor Glück, da ich weit unter meiner Zielzeit war.

Zeiten
SWIM   –   1:06 Stunde
BIKE   –   5:35 Stunden
RUN   –   3:54 Stunden
Gesamt –   10:43 Stunden

Mir wurde die Medaille umgehängt und ein Handtuch aus einem Eisbottich über die völlig verbrannten Schultern gelegt. Ich ging in eines der Zelte, setzte mich auf eine Bank und brauchte erst mal einen Moment für mich. Nur zwei Meter entfernt von mir stand ein Tisch mit diversen Leckereien. Ich hatte auch Hunger, aber war schlichtweg nicht in der Lage aufzustehen und mich in Richtung Essen zu bewegen. Erst nach einer knappen Stunde konnte ich mich aufrappeln und endlich stärken.
Nachdem ich meinen Street-Clothes-Beutel abgeholt und mich umgezogen hatte, merkte ich erst richtig, wie stark der

Sonnenbrand war, den ich mir zugezogen hatte. Die Spuren des Einteilers würden noch ein gutes Jahr zu sehen sein. Aber das war mir in diesem Moment egal. Ich wollte erst mal schnell Richtung Hotel, um mich einfach nur aufs Bett zu legen. Der Weg dorthin war jedoch schwieriger als erwartet. Aufgrund mehrerer Rad-Diebstähle beim Wettkampf in Wiesbaden im gleichen Jahr wurde die Ausgabe der Wettkampfräder sehr streng und penibel durchgeführt. Dies hatte zur Folge, dass ich eine gute Stunde in einer Schlange stehen musste, um endlich an mein Rad zu kommen. Nachdem ich knapp elf Stunden im Wettkampf auf den Beinen war, empfand ich das als echte Zumutung – letztlich aber immer noch besser, als am Ende ohne Rad dazustehen.

Nachdem mir das Rad endlich übergeben wurde, war das Ende des »Längsten Tag des Jahres« für mich allerdings schnell in Sicht. Der Shuttlebus zum Langener Waldsee hatte noch Platz für mein Rad und mich. So standen wir dort Rad an Rad im Bus und wurden zum Startort kutschiert. Nicht weit entfernt stand mein Auto und ich machte mich auf den Weg Richtung Hotel.

Endlich – ich legte alles ab, warf mich aufs Bett und war einfach nur glücklich. Nach einer ausgiebigen Dusche setzte ich mich ins Hotel-Restaurant und hatte auch gleich Mitstreiter an meinem Tisch. Zwei, die ebenfalls ihren ersten Ironman bestritten hatten, und einen Dauergast. Ich war jedoch nur der Zweitschnellste, was mich trotz meiner eigentlich gebremsten Ambitionen ein bisschen störte. Wir aßen, tranken und lachten noch eine ganze Weile, um danach wieder getrennter Wege zu gehen. Es war spannend, die unterschiedlichen Geschichten zu hören und zu merken, dass

49

man doch gar nicht so verrückt war. Zurück im Zimmer machte sich der Sonnenbrand so stark bemerkbar, dass ich die Nacht nicht nur wegen der Schmerzen der Anstrengung kaum schlafen konnte. Aber es war mir egal – das Rennen lief so gut, dass für mich nur ein Fazit möglich war: Der nächste Ironman kommt bestimmt!

Frankfurt sollte aber nicht mein einziges Highlight für 2009 bleiben. 2008 gab es mit meinem damaligen Chef Jörg eine Wette, bei der ich einen Marathon unter 3:30 Stunden laufen musste, um im Jahr darauf mit ihm zusammen den New-York-Marathon zu laufen. Ich suchte mir einen regionalen Marathon in Marienwerder aus. Beim Wettkampf gab es mehrere Distanzen: von Viertel- über Halb- bis Dreiviertel- und ganzen Marathon war alles dabei. Da der Wettkampf bereits im März war, musste ich mich über den Winter dazu motivieren, die entsprechenden Trainingseinheiten zu laufen. Glücklicherweise war es ein verhältnismäßig milder Winter, sodass ich auch die langen Einheiten mit 30 Kilometern absolvieren konnte. Den Wettkampf wollte ich nur mit dem Fokus auf den Gewinn der Wette absolvieren. Ich ging also kontrolliert in die erste Runde und ließ mich nicht von den anderen Athleten mitreißen. Außerdem war es nicht immer einfach zu unterscheiden, wer über welche Distanz unterwegs war, da die Startnummern auf der Vorderseite angebracht waren. Nach zwei von vier Runden war ich mehr oder weniger allein unterwegs. Es fiel mir schwer, das anvisierte Tempo zu laufen, da ich niemanden mehr außer der Uhr zur Kontrolle hatte. Kurz vor Ende der letzten Runde merkte ich dann, dass ich doch etwas knapp dran war. Somit zog ich die letzten 1000 Meter noch mal ordentlich an und kam mit 3 Stunden, 29 Minuten und 45 Sekunden ins Ziel. Wette gewonnen!

Leider zog sich Jörg kurz vor Abflug nach New York eine Knochenhautentzündung zu, wodurch ich den Marathon allein bestreiten musste. Für mich war es ein Wettkampf zum Genießen. Ich hatte nach dem Rennen in Frankfurt nicht mehr viel trainiert, da seine geplante Zielzeit bei 3:30 Stunden lag und ich mir diese auch mit einem Laufpensum von 30 bis 40 Kilometern pro Woche zutraute. Das Rennen selbst war der Wahnsinn. Man konnte die Stadtteile New Yorks sehen, wie es sonst nicht möglich ist. Ich konnte etliche Eindrücke aufsaugen. Dummerweise hatte ich seit der Anreise Zahnschmerzen und war vor dem Rennen auch mental nicht ganz bei der Sache. Dadurch unterlief mir ein blöder Fehler und ich hatte keinerlei Gels oder Verpflegung dabei. Glücklicherweise sah ich genau in dem Moment, als mir dies im Rennen bewusst wurde eine Verpflegungsstation mit Energy-Gels. Nur 200 Meter weiter hörte ich aus riesigen Boxen Kanye West mit »Stronger« und fand neuen Schwung für die restliche Strecke. Der Wettkampf bleibt unvergessen und einmalig, denn ich hatte davor und danach keinen zweiten Wettkampf, in dem ich so viel nach links und rechts schauen und diesen so genießen konnte. Der Fokus lag zu keinem Zeitpunkt auf der Zielzeit. Natürlich wollte ich nicht mit 5 Stunden auf der Uhr ins Ziel kommen, aber das Erlebnis war mir wichtiger. Letztlich waren es 3:18 Stunden. Als ich die Zeiten sah, war ich überrascht, dass ich in der ersten und zweiten Hälfte des Marathons bis auf eine Sekunde identische Splits hatte. Es war einfach ein supercooler Trip, an den ich gern zurückdenke.

Ende 2009 gab es auch noch Veränderungen anderer Art. Wir hatten einen neuen Verein gegründet, den Triathlon Verein Berlin 09 e. V., und ich wurde direkt zweiter Vorsitzender. Der Sport gab mir viel und so konnte ich auf diesem Weg etwas zurückgeben.

KAPITEL 4

CHALLENGE ROTH 2010

Es sollte mein zweiter Triathlon über die Ironman-Distanz werden und mein erster Versuch, die 10-Stunden-Marke zu knacken. Die Trainingsvorbereitung lief wie in einem Märchen. Keine Verletzung, tolle Mitstreiter, gute harte Einheiten und Motivation im Überfluss. Es hätte nicht besser laufen können.

Eine Woche vor dem Rennen zog ich mir eine Lebensmittelvergiftung zu. Dies war gleichzeitig mein erster Urlaubstag und so verbrachte ich die folgenden Tage in meiner Wohnung. Es war Hochsommer und die Temperaturen in meinem Schlafzimmer stiegen auf gefühlte 40 °C. Ich lag nur im Bett und kroch von Zeit zu Zeit ins Bad, obwohl mittlerweile gar nichts mehr in mir war, was hätte rauskommen können. Mein Körper versuchte es trotzdem. Außerdem waren die kühlen Fliesen auf dem Boden eine willkommene Abwechslung. Ich hätte ins Krankenhaus fahren sollen, denn mein Zustand war wirklich grenzwertig, aber dessen war ich mir nicht bewusst. Zum Glück hatte ich Unterstützung von Freunden und Familie, die mir Essen und Trinken brachten. Ohne wäre es nicht gegangen.

In drei Tagen verlor ich fünf Kilogramm an Gewicht. Ich brachte somit zum Wettkampf nur noch 62 Kilogramm bei 1,83 Meter Körpergröße auf die Waage und sah aus wie der

Tod auf Latschen. Für mich kam es jedoch nicht infrage, nicht an den Start zu gehen. Ich wusste, dass ich in meiner bisher besten Form war und war mir sicher, trotz der Woche Zwangspause direkt vor dem Wettkampf eine neue Bestzeit in den Asphalt zaubern zu können. Die 10-Stunden-Marke rückte dabei jedoch in den Hintergrund. Sicherlich wäre es besser gewesen, Roth auszusetzen und stattdessen ein oder zwei Monate später bei einem anderen europäischen Rennen zu starten, aber mein sonst so klarer Verstand setzte erneut aus. Man freut sich ein Jahr lang darauf und trainiert hart und fokussiert auf diesen einen Tag hin. Da fällt es schwer, rational zu entscheiden.

Unsere Gruppe bestand aus zehn Athleten und einer Handvoll Supportern. Wir schafften es alle, direkt nach Öffnung der Anmeldephase uns online anzumelden. Jeder für sich hatte das erste Ziel erreicht und einen der begehrten Startplätze in Roth ergattert.

Nach der Ankunft in unserer Unterkunft richteten wir unser Zimmer schnell so ein, wie es sich als Triathlet gehört. Gut ein Viertel des Bodens war noch als solcher zu erkennen und der Rest bestand aus dem Inhalt unserer Taschen und Rucksäcke. Glücklicherweise noch ohne den üblichen Geruch, der nach ein paar Tagen Trainingslager mit einzieht.

Zwei Tage vor Rennstart holten wir unsere Unterlagen ab. Die nette Dame an der Anmeldung, die mir den Rucksack in die Hand drückte, fragte mich noch, ob ich mir sicher sei, wirklich starten zu wollen. Ich sah wohl doch noch ein ganzes Stück schlechter aus, als ich dachte, ließ jedoch keinen Zweifel an meiner Entscheidung. Nachdem wir uns noch ei-

54

nen Überblick über die neueste Technik auf der Messe verschafften, ging es direkt zur Pasta-Party, bei der unter anderem auch Chrissie Wellington mit dabei war. Für mich war sie wirklich eine Inspiration, denn ihre Dominanz auf der Langdistanz sucht bis heute ihresgleichen.

Nach einer sehr unruhigen Nacht ging es am nächsten Morgen noch mal kurz aufs Rad für eine Aktivierung. Im Gegensatz zu den anderen verzichtete ich auf einen Lauf und wollte lediglich auf den paar Kilometern wieder das Gefühl fürs Rad bekommen. Ich merkte bereits nach den ersten Umdrehungen der Kurbel, dass ich noch spürbar geschwächt war. Trotz aller Entschlossenheit blieben Zweifel. »Sollte ich das Risiko wirklich auf mich nehmen und starten?« Ich führte dieses Gespräch allerdings nur mit mir, denn jeder hatte vor diesem Wettkampf mit seinen Gedanken und Problemen zu kämpfen. Da musste und wollte ich mich nicht in den Mittelpunkt stellen. Ich entschied mich, erst am Rennmorgen die Wahl zu treffen, ob ich starten würde oder nicht. Somit ging es auch für mich zum Check-in der Räder. Die Wechselbeutel hatte ich erst kurz vor der Abfahrt zum Check-in gepackt, wobei der Inhalt fast identisch zu dem in Frankfurt war. Die Position der Beutel hielt ich für mich fotografisch fest, um mir abends noch mal die Bilder anzusehen und in meinen Gedanken zu verinnerlichen.

Trotz Aufregung und der kurzen Nacht hatte ich überraschend gut geschlafen. Der Entschluss stand schnell fest: »Ich werde starten!« Nach einem kurzen Frühstück machte ich erneut die Trinkflaschen fertig, schnappte mir meine Kopfhörer und setzte mich ins Auto. Die Gruppe war gespalten zwischen Introvertierten und denen, die kein Problem damit hatten, so zu tun, als wäre das ein ganz normaler Tag. Für mich ist diese Eigenschaft beneidenswert, denn ich hatte immer mit mir und meinen Gedanken zu kämpfen, ohne diese befreiende Lockerheit.

In der Wechselzone ging die Routine wieder los. Schuhe einklicken, Flaschen einstecken, Ersatzschlauchreifen, CO2-Kartusche und Werkzeug verstauen, Tacho anbringen und Verpflegung in die Oberrohrtasche stecken. Nicht zu vergessen, vorab noch mal Luft auf die Reifen zu bringen. Wie in Frankfurt wollte ich nicht das Maximum ausreizen und entschied mich erneut für 8 bar.

Der Rennstart verlief in Wellen, die sich nach der angegebenen Zielzeit im Zuge der Anmeldung richteten. Vor jedem Start wurde mit musikalischer Untermalung die Dramaturgie für die aktuelle Startwelle auf die Spitze getrieben. Mit jedem Einspielen der Musik stieg meine Nervosität fast ins Unermessliche. Die Unsicherheit, ob ich es überhaupt ins Ziel schaffen würde, war nun nicht mehr aus dem Kopf zu bekommen. Auch wenn ich mit vielen Freunden am Start war, so war ich in diesem Moment doch ganz für mich allein. Einige Minuten später war für meine Gedanken aber kein Raum mehr. Ich stand im Neopren im Wasser und die Musik spielte nun für mich und die Athleten um mich herum. Und schon ging es los! Das Schwimmen war durch die Welleneinteilung bereits vom Start viel entspannter. Ich hatte ein gutes Gefühl für das Tempo, da man im Kanal immer einen Blick auf das Land links und rechts hatte. Es gab wenig Schlägereien, wodurch ich mich darauf konzentrieren konnte, mit meinen Kräften hauszuhalten, um mir ein paar Energiereserven aufzusparen. Der Plan ging genau auf. Ich erreichte das Land in der gleichen Zeit wie in Frankfurt und war nach 1:06 Stunde aus dem Wasser.

Der Wechsel ging schnell von der Hand. Neo aus, diesmal einen Riegel reindrücken, kurz noch mit dem Handtuch etwas trockenrubbeln und schon ging es Richtung Rad. Helm auf und mit dem Rad in der Hand über die Wiese Richtung Radstart laufen. Ich hatte mir zwischenzeitlich einen neuen Funktacho besorgt, doch wieder stieg er nach ein paar Kilometern aus. Mein Blick auf die Uhr, die ich bereits beim Schwimmen getragen hatte, war auch nicht wirklich hilfreich. Irgendwie musste ich unterwegs auf den »Stopp«-Knopf gekommen sein und so konnte ich nur über die Uhrzeit hochrechnen, wo ich mich zeitlich im Rennen befand. Es belastete mich spürbar darüber nachzudenken. Ich entschied mich erneut dafür, nach Gefühl zu fahren, was bei meiner körperlichen Verfassung sicherlich die bessere Variante war. Die leichten Wellen auf der Strecke fuhren sich sehr angenehm, aber ich merkte wieder einmal, dass ich auf dem Rad nach wie vor nicht wirklich konkurrenzfähig war. Auch in den Abfahrten konnte ich nicht Vollgas geben. Es fehlte mir an Sicherheit bergab, aber auch an Mut bergauf, um mehr zu riskieren. Die Stimmungsnester waren noch ein ganzes Stück spektakulärer als beim Ironman in Frankfurt. Es gab aber diesen einen Moment, den ich schon so oft im Kopf durchgespielt hatte. Ich erreichte den Ort Solar. Beim Ortseingangsschild machte es aber noch nicht »klick« und so fuhr ich rechts um die Kurve und sah den Anstieg mit einer unglaublichen Menschenmasse. Für die Athleten stand nur noch ein schmaler Kanal zur Verfügung, um die Spitze des Anstiegs zu erreichen. Jeder gab noch einmal Gas, um sich möglichst vor den anderen in die Einer-Reihe einzusortieren. Ich bekam aufmunternde Klapse, wurde angeschrien, sah in jubelnde und feiernde Gesichter – es war unbeschreiblich und unvergesslich. Ich hatte Gänsehaut und hätte weinen können vor Freude. Ich versuchte konzentriert zu bleiben und weiter mit meinen Kräften hauszuhalten. Mittlerweile waren es wieder um die 30 °C in der Luft. Es gab so viele Eindrücke, aber ich war so fokussiert, dass ich nur einen Bruchteil davon wahrnehmen konnte.

Zum Beginn der zweiten Runde gab es direkt eine Schrecksekunde. Vor einer Abzweigung fuhr mehrere hundert Meter kein Athlet vor mir und die Ordner hatten auch kurz geschlafen. Ich fuhr also geradeaus statt nach links und eine Handvoll Athleten hinter mir direkt hinterher. Ein lautes »Stopp« schallte über die Boxen am Straßenrand und mir wurde zum Glück schnell bewusst, dass ich auf Abwegen war. Zusammen mit meinen Mitstreitern drehte ich um und hatte vielleicht eine knappe Minute verloren, aber eine Menge an Adrenalin gewonnen.

In mir wuchs die Vorfreude, das zweite Mal den Anstieg am Solarer Berg zu fahren. Noch immer hatte ich Glücksgefühle, wenn ich daran dachte. Während ich in Gedanken versank, zog ein Athlet nach dem anderen an mir vorbei. Ich fand schnell wieder zurück ins Hier und Jetzt. Nichtsdestotrotz stieg meine Motivation, künftig noch härter zu trainieren. Der Anspruch an mich war recht hoch und deshalb konnte und wollte ich das nicht auf mir sitzen lassen.

Ich merkte, dass meine Gedanken immer wieder abschweiften. Doch eines blieb mir nicht verborgen: die fünf Buchstaben, die ich unbedingt ein zweites Mal sehen wollte – das

58

Ortseingangsschild »Solar«. Ich setzte zur Rechtskurve an und war doch etwas enttäuscht. Die Reihen waren mittlerweile stark dezimiert, doch es war naiv von mir, etwas anderes zu erwarten. Auch wenn ich kein Gefühl für die Renndauer hatte, so war mir doch klar, dass die Entscheidung beim finalen Marathon in vollem Gange war. Ich will es auch gar nicht schlechtreden. Die Fans gaben alles und der Adrenalinspiegel begann erneut zu steigen. Ich dachte einfach zu oft in Extremen. Nicht nur beim Training, sondern auch bei den Erlebnissen im Wettkampf. So blieb der Moment am Solarer Berg in der ersten Runde in den künftigen Jahren immer der Gradmesser für die Stimmung an der Strecke. Ein Anspruch, der einfach viel zu hoch war. Dieses Rennen und speziell diesen Moment sollte jeder Triathlet mit Lust auf die Langdistanz einmal erlebt haben. Die Stimmungsnester auf der Strecke waren ansonsten auch in Runde 2 durch und durch motivierend. Die ganze Region lebt dieses Event und das hat man in jedem Augenblick gemerkt.

Nun richtete ich meinen Fokus aber wieder auf das Rennen. Der Wechsel auf die Laufstrecke stand bevor und ich ging in meinem Kopf noch mal Schritt für Schritt durch. Raus aus den Schuhen auf dem Rad, keine Experimente, sondern vorsichtig absteigen und dann mit dem Wechselbeutel in Richtung Zelt. Helm ab, Gel reindrücken, Laufsocken und Laufschuhe an, Visor aufsetzen und die Sonnenbrille. Der erste Kilometer war bittersüß. War ich doch froh, endlich vom Rad runter zu sein, so liefen sich die ersten Meter doch wie so oft wie auf Eiern. Allerdings nicht mehr so schlimm wie in Frankfurt, da ich im Vorfeld deutlich öfter Koppeltraining hatte. Ich habe die 180 Kilometer eine Minute schneller hinter mich gebracht als in Roth und stieg somit nach 5:34 Stunden ab.

Nach dem ersten Stück der Laufstrecke mit Fan-Unterstützung verlief ein Großteil am Kanal entlang. Die Brücken, die in weiter Ferne zu sehen waren, wollten einfach nicht näherkommen. Mental war die Strecke für mich wirklich herausfordernd, denn die omnipräsente Stimmung auf der Laufstrecke wie in Frankfurt gab es in Roth wiederum nicht. Allerdings hatte ich dank der Wendepunkte ein paar Möglichkeiten, meine Freunde auf der Strecke zu sehen. Und nicht zu vergessen, Dauerstimmungsmacher und Edel-Fan Nils, mit dem ich bei der Weltmeisterschaft in Almere zusammen am Start war. Er war gefühlt überall auf der Strecke und damit nicht nur für mich eine immense Unterstützung. Nach rund 15 Kilometern machten sich meine fehlenden Energiereserven nun doch deutlich bemerkbar. Ich griff somit früher zur Cola, die für mich ein Muss wurde, um irgendwie mein Energieniveau oben zu halten. Meine Konzentrationsfähigkeit ließ spürbar nach, denn ich war nicht mehr wirklich in der Lage, meine geplanten Abläufe an jeder Verpflegungsstation durchzuziehen. Ich wollte so lange wie möglich in Bewegung bleiben und nicht gehen, doch ab Kilometer 20 musste ich an jeder Station zumindest kurz ein paar Schritte gehen. Es passierte, was für mich ungewohnt war. In diesen Momenten lief eine nicht unerhebliche Zahl an Athleten an mir vorbei. Natürlich war mir bewusst, dass der Wellenstart eh im Unklaren ließ, ob der- oder diejenige jetzt vor oder hinter mir war, allerdings war ich dann doch zu ehrgeizig, um die Situation ignorieren zu können. Ich wollte meine körperlichen Probleme aber nicht vorschieben und trotz aller Zweifel im Kopf konnte ich immer wieder den Antrieb finden, weiterzulaufen. Die nächsten 20 Kilometer waren wie verschwommen. Ich bin einfach gelaufen, ohne wirklich dabei zu sein. Es war wie eine Art Blackout und allein das hatte mir im Nachhinein wirklich zu denken gegeben. Erst kurz vor dem Ziel war ich wieder voll dabei. Ich bemerkte, dass ich schon auf dem letzten Kilometer inmitten des eingezäunten Vor-Zielbereichs war. Und dann erblickte ich den Zielteppich. Ich lief noch einmal durch das liebevoll gebaute Zielstadion und endlich war es so weit. Ich war im Ziel! Ich bekam die Medaille um den Hals und nur wenige Momente später war ich weg. Ich wachte auf einer Trage auf und hatte eine Infusion im Arm. Ich brauchte einen Moment, um wirklich zu mir zu kommen, allerdings war ich so kraftlos, dass ich trotz grünen Lichts der Sanitäter nur in Bewegung blieb, in der Hoffnung, irgendjemand aus unserer Gruppe in die Arme zu laufen. Glücklicherweise gelang mir das sogar und wir saßen einen Moment nebeneinander. Ich hörte mir die erlebten Abenteuer von Kurti an, mit dem ich im Vorfeld die wichtigsten und härtesten Trainingseinheiten zum Rennen in Roth absolviert hatte. Er war einer meiner wichtigsten Wegbegleiter über all die Jahre im Triathlon.

An den Weg zum Hotel kann ich mich auch nur noch in Fetzen erinnern. Ich hatte zwischenzeitlich realisiert, dass ich mich erneut höllisch verbrannt hatte. Mir tat jeder Knochen, jede Bewegung und jede Berührung weh. Man legte mich vorsichtig hinten in unseren Transporter und wir fuhren zu unserer Unterkunft. Ich war nicht mal mehr in der Lage, mein Rad abzuholen, aber glücklicherweise hatte der Veranstalter mit einer vorgedruckten Vollmacht für solche Situationen vorgesorgt. Ich lag einfach nur auf dem Bett und vegetierte vor mich hin, während die anderen die Räder abholten. Erst gegen 22 Uhr, als alle aus unserer Gruppe zurück in der Unterkunft waren und zusammen am Tisch im Restaurant saßen, fand ich meinen Appetit und meine Kraft wieder. Alle hatten es geschafft. Während manchen von uns die Last sichtbar von den Schultern gefallen war, waren andere schon in der Rennanalyse. Ich war einfach nur froh, dass es vorbei und ich im Ziel war. In letzter Konsequenz nur eine Minute langsamer als in Frankfurt, aber meinen Anspruch, die 10-Stunden-Marke zu knacken, konnte ich nicht erfüllen. Nach meiner Rückkehr nach Berlin bemerkte ich, dass ich noch dünner aussah. Beim Schritt auf die Waage standen dort nur noch 59 Kilogramm. Der Blick in den Spiegel war für mich beängstigend und das wollte ich nicht noch einmal erleben.

Ich hatte mir vorgenommen, keinen weiteren Ausreißer dieser Art zuzulassen und künftig Vernunft walten zu lassen.

Zeiten
SWIM   –   1:06 Stunde
BIKE   –   5:34 Stunden
RUN   –   3:59 Stunden
Gesamt –   10:44 Stunden

Nach dem Rennen in Roth beendete ich die Saison bei einem Vereinsrennen mit einem Schlüsselbeinbruch. Beim »Sturm auf den Turm« ging es darum, vom Startpunkt so

62

schnell wie möglich auf den Berliner Müggelturm zu kommen. Einzig fremde Hilfe und motorisierte Unterstützung waren verboten, alles andere erlaubt. Unter anderem waren Surfbretter und Segelboote im Einsatz. An Motivation mangelte es also nicht. Auch ich hatte im Vorfeld Laufschuhe nach dem Wasserausstieg deponiert.

Der Start auf dem Rad lief noch wie geplant. Es waren nur wenige Kilometer bis zu meinem Einstieg ins Wasser. Kurz davor übersah ich ein im Boden steckendes Metallstück und überschlug mich. Glücklicherweise wurde ich schnell entdeckt und ins Krankenhaus gebracht. Das Schlüsselbein heilte auch ohne OP relativ gut. Wenn ich daran denke, wie mein Helm nach dem Sturz aussah, wird mir heute noch mulmig. Ich schlug mit diesem auf einen spitzen Stein auf. Ohne Helm wäre es sicher anders für mich ausgegangen.

Trotz auskurierter Verletzung musste ich realisieren, dass der Sport zu dieser Zeit kaum noch in meinen Alltag passte. Es war für mich einfach zu viel und dadurch auch zu stressig. Trotz dieser Gedanken versuchte ich mich für den Norseman im Jahr 2011 anzumelden, was außer als Profi nur im Rahmen einer Lotterie möglich war. Da ich nicht das nötige Glück hatte, ging auch das letzte Quäntchen Motivation flöten.

Immer in der Hoffnung, noch die nötige Zeit und Motivation zu finden, ließ ich mich für ein Sommer-Trainingslager in den Alpen hinreißen. Nachdem ich monatelang ohne Training war und mein Rücken unter anderem dank fehlender Physio-Besuche zu einem steinharten Brett wurde, fuhr ich trotzdem mit nach Österreich. Ich ließ mich auch dazu überreden, entgegen jeder Vernunft mein Rennrad mitzunehmen, obwohl mir klar war, dass das keinen Sinn macht. Mein Plan war es, das Rad einfach in der Ecke stehen und mir die Sonne auf der Alm auf den Bauch scheinen zu lassen. Wer mich zu dieser Zeit gut kannte, wusste auch, wie er mich mit den richtigen Worten triggern konnte. Die Stimme der Vernunft verhallte und ich stieg aufs Rad. Ich war zwar nicht jeden Tag dabei, aber wenn dann musste die Gruppe immer wieder auf mich warten. Das war extrem frustrierend für mich, da ich so untrainiert fast ständig am Limit fahren musste. Zur Krönung musste man, um zu unserer Hütte zu gelangen, einen rund 800 Meter langen Anstieg fahren, der satte Steigungsprozente aufwies. Ich konnte das nicht mal mit der Unterstützung von Flo, der versucht hatte, mich anzuschieben. Während alle schon oben entspannen konnten, musste ich absteigen und das Rad schieben. Glücklicherweise hatte mir Flo noch ein Gel gegeben und kam mir auf den letzten Metern entgegen, um mir das Rad abzunehmen. Insgesamt saß ich an drei Tagen auf dem Rad und hatte es dabei einfach nur verflucht. Am letzten Tag war ich fast so weit, das Rad in den Graben zu schmeißen und per Anhalter weiterzufahren.

Auch abseits des Rads war es nicht immer leicht. Da ich mich aufgrund der Rückenschmerzen nur im Schneckentempo bewegen konnte, gab es immer etwas für die anderen zu lachen, wenn ich einfach nur aus dem Auto gestiegen bin oder von der Couch aufstehen wollte. Ein Versuch, meinen Rücken zu »knacken«, blieb ohne Erfolg.

Das Trainingslager blieb nicht ohne Folgen für mich und ich fuhr mit einer Leistenzerrung nach Hause, die ich die nächsten zwei Monate auskurieren musste. Ein beruflicher Wechsel und private Veränderungen brachten aber neuen Wind in mein Leben. Auch mein neuer Chef hatte eine Leidenschaft für den Ausdauersport. Er wollte unbedingt einen Ironman finishen und deshalb wurden schon nach ein paar Monaten Nägel mit Köpfen gemacht. Wir meldeten uns für den Ironman Cozumel in Mexiko, der im November 2012 stattfinden sollte.

KAPITEL 5
IRONMAN COZUMEL 2012

Das Ziel war gesteckt und das Training konnte so langsam wieder ins Rollen kommen. Es war bereits Mitte Dezember und somit auch schon mitten in der Saison. Trotz dieser Tatsache rückte der Blick erstmals in Richtung Hawaii. Ich fing an, mir Ergebnislisten der letzten Jahre anzusehen und hochzurechnen, welche Zeiten ich bringen müsste, um die Quali schaffen zu können. Ich war allerdings planlos und ohne Struktur. Es wäre ein Leichtes gewesen, mir professionelle Hilfe zu holen, da im Verein mehrere gute Kandidaten zur Wahl standen.

Ich begann viel zu spät, meine Intensitäten zu steigern. Die Inhalte meiner Trainingseinheiten waren nur wenig abwechslungsreich, wodurch ich meistens mit ähnlichen Intensitäten trainiert hatte und letztlich nicht wirklich schneller geworden bin. Besonders hart waren für mich die Schwimmtrainings am Sonntagabend. Unser Verein hatte eine neue Schwimmzeit in einem Fitnesscenter bekommen und so fand ich mich mit den üblichen Verdächtigen immer wieder sonntags zum Training in der Berliner City. Allerdings war es jede Woche aufs Neue ein harter Kampf mit mir selbst, um mich zu dieser mental schwierigen Trainingseinheit aufzuraffen.

67

In der Vorbereitung für das Rennen in Mexiko hatten wir noch ein letztes spezifisches Trainingslager geplant. Zwei Wochen vor Abflug ging es nach Lindow. Unsere Mexiko-Truppe bestand mittlerweile aus sieben Athleten und vier davon waren mit im Trainingslager. Wir hatten dementsprechend auch alle unsere Zeitfahrräder dabei und nutzten die letzten Sonnenstrahlen im November, um noch wichtige Kilometer zu sammeln.

Bei der letzten intensiven Ausfahrt wurde es dann ernst. Nach gut zehn Kilometern fuhren zwei aus unserer Gruppe im geplanten Wettkampftempo. Sebastian und Georg waren beide schon in den Alpen mit dabei und waren leistungsmäßig weit vor mir. Sie hatten außerdem ein zweiwöchiges Radtrainingslager auf Mallorca hinter sich und drückten so aufs Pedal, dass ich Mühe und Not hatte, dranzubleiben. In dem Moment begann ich zu begreifen, wie utopisch mein Wunsch von der Hawaii-Quali war. Ich war meilenweit davon entfernt, die Leistung zu bringen, die eine Qualifikation erfordern würde. Erst nach dieser Radeinheit wurde mir bewusst, welche Fehler ich im Training gemacht hatte. Aber nun war es zu spät. Ich konnte nur noch die Reise antreten und versuchen, das Beste daraus zu machen.

Nachdem wir die Koffer schon am Vortag eingecheckt hatten, war die Ankunft am Flughafen recht entspannt. Ich sah zum ersten Mal die ganze Gruppe und freute mich auf das Abenteuer in der Karibik. Außer einem kurzen Schreckmoment beim Umstieg in München, als der Pilot mitteilte, dass das Gepäck komplett verladen wurde, während wir beim Blick aus dem Fenster unsere Radkoffer ankommen sahen, war es eine entspannte Anreise. Der Kapitän kommentierte

68

das mit einem leichten Lachen und so ging es mit Air Berlin in Richtung Cancún.

Nach somit zwei Flügen, einer Busfahrt, einer Fahrt mit der Fähre und einer abschließenden Taxifahrt waren wir auch schon da. Cozumel begrüßte uns mit Regen, aber schon der nächste Tag zeigte uns die schönste Seite der Insel. Die Insel war nach 60 Kilometern auf dem Rad bereits umrundet. Es war ein überschaubares, aber schönes Paradies inmitten der Karibik.

Die Reise hatten wir über Hannes Hawaii Tours gebucht. Es war von Vorteil, die Logistik schon bei der Anreise in fremde Hände zu geben. Ich konnte das Drumherum dadurch deutlich mehr genießen und war fasziniert, diese Insel zu entdecken. Natürlich immer in dem Bewusstsein, noch einen Ironman zu bestreiten. Noch am Abend unserer Ankunft bauten wir unsere Räder zusammen. Ich teilte mir mit Georg das Zimmer, den ich als Favoriten unserer Gruppe für einen der wenigen Hawaii-Spots gesehen hatte. Um die Außenwelt an diesem Abenteuer teilhaben zu lassen, gönnten wir uns den langsamsten WLAN-Zugang der Welt für 100 Dollar pro Woche mit der Restriktion auf ein Gerät pro Nutzung.

Die Umgebung mit dem tollen Wetter lockte uns allerdings permanent nach draußen, um alle Eindrücke in uns aufzusaugen. Wir begannen die Tage vor dem Wettkampf mit einem Schwimmen vor dem Frühstück um 7 Uhr morgens. Dann schmeckte es nicht nur besser, sondern man konnte sich an das frühe Schwimmen gewöhnen. Unser Trainingsspot an der Hotelanlage unterschied sich allerdings immens von der Wettkampfstrecke, da wir kaum Strömung und kaum Wellengang hatten. Beim Schwimmen parallel zum

Strand trafen wir wiederholt auf einen einsamen Barrakuda, der uns immer im Auge behielt.

Die erste Umrundung der Insel erfolgte auf dem Rad. Die 60 Kilometer machten einem bewusst, wie unterschiedlich die Bedingungen sein können. Der Wind war allgegenwärtig. Während er uns auf der einen Inselseite schob, zeigte er uns auf der anderen Seite sein hässliches Gesicht mit einer ordentlichen Portion Gegenwind. In mir kam die Erinnerung an das Trainingslager in Lindow wieder hoch. Unter diesen Bedingungen würde es sicher noch schwerer auf dem Rad werden.

Das Lauftraining legten wir auf die Abendstunden. Ein paar Fledermäuse sorgten dafür, dass uns unterwegs nicht langweilig wurde. Meine Form war spürbar hinter der von Roth. Von der Lebensmittelvergiftung abgesehen, war ich damals gefühlt in Topform. In der Vorbereitung für das Rennen in Mexiko hatte im Training einfach die letzte Konsequenz gefehlt und nun war es an der Zeit, den Preis dafür zu bezahlen. Trotzdem hatte ich immer noch einen Funken Hoffnung auf die Quali, denn an einem so langen Tag ist nicht alles berechenbar. Neben viel Planung gehört auch immer eine Portion Glück dazu, um eine Langdistanz so ins Ziel zu bringen wie erhofft. Ich versuchte meine Gedanken wieder auf etwas Positives zu lenken. Beim Entspannen am Strand, beim Beachvolleyball in den Abendstunden, aber auch beim Schnorcheln konnte ich die Zweifel zumindest für ein paar Momente zum Schweigen bringen.

Einen Tag vor dem Rennen gab es den Check-in der Räder mit »Bodymarking« und den ersten Blick auf die Wettkampf-Schwimmstrecke. Es gab einen nicht unerheblichen

Wellengang und eine sichtbare Strömung. Dies war selbst ohne Athleten oder irgendeine andere Referenz im Wasser erkennbar. Das Abholen der Startunterlagen sowie die Präparation der Beutel war zwischenzeitlich schon eine Art Routine, auch wenn mein letztes großes Rennen über zwei Jahre zurücklag.

Die letzte Nacht vor dem Rennen war eine Katastrophe. Ich brauchte ewig, um einzuschlafen und die Nacht war schneller rum, als mir lieb sein konnte. Ich war im »Zombie-Modus« und kaum ansprechbar. Ein Shuttlebus brachte uns zum Schwimmstart. Für mich war es die erste Langdistanz ohne Neopren, denn die Wassertemperatur von 28 °C lag deutlich über der Grenze. Ich hatte mir ein paar Wochen vor Abflug noch schnell einen Swimsuit in Berlin kaufen können, aber den Auftrieb wie ein Neopren bot er natürlich nicht. Der Abstand zwischen den Topschwimmern und mir würde also in jedem Fall steigen. Die finalen Handgriffe am Rad liefen routiniert ab.

Die Athleten standen kurz vor dem Schwimmstart allesamt auf einem Holzsteg verteilt. Man musste sich noch eine Tiershow mit dressierten Delfinen ansehen. Für viele der Athleten war das offensichtlich eine schöne, spektakuläre Show, für mich eher ein Tiefpunkt der sonst so tollen Reise. Es blieb aber nicht viel Zeit zum Gucken, sondern ich musste zusehen, dass ich schnell ins Wasser kam, um mich für den Wasserstart in eine gute Position zu bringen. Das war allerdings gar nicht so leicht, denn ich konnte nicht einfach irgendwo ins Wasser springen. Man musste sich zumindest am Ende des Steges positionieren, bevor es ins warme Nass ging. Und dann ging plötzlich alles ganz schnell. Ich sprang

71

gerade erst ins Wasser, als die Jetskis zur Seite fuhren, um den Start freizugeben. Etliche Teilnehmer standen noch auf dem Steg. Ich war zumindest schon im Wasser, aber irgendwo im Mittelfeld gefangen und musste nun alles geben, um mich bis zur ersten Wendeboje in eine gute Position zu bringen. Leichter gesagt als getan, denn um mich herum war eine erstaunlich große Zahl von guten Schwimmern, die offensichtlich genau wie ich etwas zu spät dran waren. Und so flogen wieder einmal die Ellenbogen, Arme, Hände und Füße in mein Gesicht und meinen Körper. Immer wieder bekam ich ordentlich was ab und musste eine nicht unerhebliche Menge Salzwasser schlucken. Eigentlich war die erste Boje auch nicht wirklich weit entfernt, aber der Weg dorthin fühlte sich wie eine Ewigkeit an. Dies war vor allem der starken Strömung geschuldet, die letztlich auch dafür sorgte, dass deutlich mehr Athleten als üblich den Schwimm-Cut-Off von 2:20 Stunden nicht schafften.

Kaum an der Boje angekommen, wurde es noch mal richtig haarig. Die unkontrollierten Brustschwimmtritte meiner Mitstreiter sorgten für einige Tiefschläge in meine Magengegend und erneut für die ungewollte Aufnahme einer größeren Portion Salzwasser. Aber ich hatte die Boje endlich umschwommen und konnte mich mit der Strömung auf den Weg zur zweiten Wendeboje machen. Nachdem ich mir endlich eine gute Position erschwommen hatte, konnte ich mich auf die Technik konzentrieren und sogar ein bisschen den Blick in die Tiefe genießen. Das Wasser war so klar, dass man Fischschwärme, Korallen und die fotografierenden Taucher sehen konnte, die für spektakuläre Bilder sorgten. Gestört wurde ich von dem zunehmend unschönen Gefühl im Bereich der Achseln, da ich die Vaseline vergessen hatte. Das Salzwasser tat sein Übriges und es scheuerte bei jedem Armzug immer etwas mehr. Ich malte mir schon aus, wie ich zu bluten beginnen und Piranhas damit anlocken würde. Die Gedanken schweiften bei mir immer wieder ab, aber wenn ich begann, das zu realisieren, kam ich auch schnell wieder ins Hier und Jetzt zurück.

Das Passieren der zweiten Boje war glücklicherweise deutlich entspannter, da das Feld sich in die Länge zog. Nun konnte ich beim Atmen nach rechts auch wieder Land sehen und bekam so ein besseres Gefühl für die Geschwindigkeit. Das Tempo fühlte sich nach Stillstand an, denn nun ging es wieder gegen die Strömung. Einzig der Blick beim Atmen nach links machte mir Mut, da das Feld hinter mir einfach kein Ende nahm.

Erschöpft und mit einer Menge Salzwasser im Bauch verließ ich das Wasser. Mit geschocktem Blick nahm ich die Uhr nur wenige Meter nach dem Ausstieg wahr und erblickte 1:18 Stunden. Für mich war das ein Rückschlag, der mich mental aus der Bahn warf. Beim Wechsel war ich völlig verplant. Irgendwie saß kein Handgriff. Ich schnappte mir mein Rad, aber war selbst beim Aufstieg nicht immer ganz bei der Sache und wäre fast gestürzt. Nachdem der Schreck verdaut war, ging es auf die erste von drei Runden an diesem heißen Tag. Ich hatte von Beginn an keinen Druck. Nach nur wenigen Kilometern zog einer meiner Mitreisenden, den ich noch im Wasser überholt hatte, wieder an mir vorbei. Einen kurzen Moment später machte sich das geschluckte Salzwasser bemerkbar und ich musste rechts ranfahren, um das

Wasser wieder in die Freiheit zu entlassen. Die mentale Talfahrt war nun nicht mehr zu stoppen, da eine Seite der Insel so starken Wind hatte, dass ich gefühlt fast stand. Hier konnte ich keine »3« mehr vorn am Tacho stehen sehen, was mich in eine Art »Automatikmodus« versetzte. Ich funktionierte nur noch, um die nächsten zwei Runden zu überstehen. Praktisch ohne Höhenunterschiede war die Strecke im Vorfeld in meinen Gedanken ein Garant für schnelle Radzeiten, doch sollte sich meine Naivität rächen. Von Runde zu Runde wurde ich langsamer. Da mein Radcomputer zum ersten Mal auf der Langdistanz nicht den Geist aufgab, konnte ich auch schwarz auf grau lesen, wie langsam ich unterwegs war.

Nach sehr zähen drei Runden, auf denen mich unzählige Athleten überholt hatten, kam die erlösende Wechselzone. Ich hatte zwischenzeitlich wieder Mut gewonnen, aber auch ordentlich Wut im Bauch. Ich wollte zumindest beim abschließenden Marathon noch mal zeigen, woraus ich geschnitzt war. Der Wechsel gelang mir diesmal deutlich besser, obwohl ich zum ersten Mal die Chance nutzte, um mich nachcremen zu lassen. Nach den Rennen in Frankfurt und Roth hatte ich jeweils tagelang starke Schmerzen durch die Sonnenbrände und konnte dadurch nur sehr schlecht schlafen. Abgesehen vom Hautkrebs-Risiko wollte ich aus meinen Fehlern lernen und nutzte das Angebot im Wechselzelt. Die ersten Kilometer liefen wie geschmiert und ich bewegte mich im Bereich von 4:15 Minuten pro Kilometer. Einzig die Aufnahme von Wasser war etwas schwierig, da einem dieses in geschlossenen Kunststoffbeuteln gereicht wurde, die man selbst mit den Zähnen öffnen musste. Da meine

Schneidezähne nicht perfekt waren, war das eine echte Herausforderung, ein Loch in den Beutel zu bekommen und dann auch noch das Wasser in den Mund zu manövrieren. Aber irgendwie hat es dann doch immer geklappt und ich konnte mein zügiges Tempo relativ gut halten. Den Halbmarathon passierte ich nach 1:39 Stunde, wobei ich gefühlt zehn Minuten schneller war. Die Strecke war zur Hälfte von Fans und Zuschauern gesäumt, die andere Hälfte verlief an einem Militärgelände vorbei. In diesem Bereich war es deutlich ruhiger, wenn nicht gerade ein paar Hubschrauber starteten oder landeten. Das Licht der langsam untergehenden Sonne machte das ohnehin schöne Bild noch schöner. Es lief einfach und ich war voll motiviert, das Tempo zu halten. Kurz nach dem Passieren von Kilometer 25 wurde schlagartig alles anders. Ich musste mich erneut übergeben und ab diesem Moment blieb weder Gel, Wasser noch etwas anderes in mir. Alles suchte direkt den Weg zurück ins Licht. Mir wurde schnell bewusst, welche Konsequenzen das für mich hatte und ich musste das Tempo drastisch reduzieren, bis ich mit der hereinbrechenden Dunkelheit dann doch gehen musste. Für einen kurzen Moment versagten mir die Beine und ich torkelte Richtung Wiese am Streckenrand. Sofort kam ein Sanitäter und wollte mich aus dem Rennen nehmen, aber ich stand schnell wieder auf und biss die Zähne zusammen, um weiter voranzukommen. Ich bekam viele aufmunternde Worte, auch von meinen Mitreisenden, um es irgendwie bis zum Finish zu schaffen. Die Strecke verging für mich wie in Zeitlupe und das Ziel wollte einfach nicht näherkommen. Ich konnte mittlerweile gar nicht mehr laufen, sondern nur noch gehen und fragte mich, wie es so weit kommen konnte. Mir war absolut bewusst, wie qualitativ schlecht mein Training war, aber das so gar nichts mehr ging, wollte einfach nicht in meinen Kopf. Die letzten zermürbenden Kilometer waren eine Tortur und Qual, aber der Gedanke an das Gefühl, an der Ziellinie anzukommen, ließ mich einen Fuß vor den anderen setzen.

Es war mittlerweile komplett dunkel, aber das Finish kam in greifbare Nähe. Ich hatte nur noch ein paar hundert Meter vor mir und schaffte es, aus dem Gehen wieder ins Laufen zu kommen. Ich passierte die Ziellinie und war erleichtert. Trotz der Qualen freute ich mich über das Geschaffte.

Zeiten
SWIM   –   1:18 Stunde
BIKE   –   6:19 Stunden
RUN   –   4:58 Stunden
Gesamt –   12:44 Stunden

Der Tag nach dem Rennen wurde zu einem der schönsten Tage meines Lebens. Mit zwei lieb gewonnenen Menschen, die ich auf unserer Reise kennenlernen durfte, ging es im Käfer-Cabrio nochmals auf eine Rundreise um die Insel. Bei einigen Zwischenstopps konnten wir die liebevollen Details an der Strecke entdecken. Skelette mit Tequila als Wettkampfverpflegung oder das Ironman-Logo mit Steinen am Sandstrand – schöne Aufmerksamkeiten, die man nur mit der nötigen Ruhe richtig wahrnehmen konnte. Dieser Tag hat den Trip in den schönsten Farben in mein Gedächtnis gebrannt und unvergesslich gemacht.

In den Tagen nach dem Rennen nutzten wir alle Annehmlichkeiten unseres All-inclusive-Resorts. Den Mittags-Cheeseburger gönnte ich mir um 12 Uhr und um 15 Uhr. Die Abende ließ ich mit dem ein oder anderen Cuba Libre ausklingen.

Ohne Ziele bleibt das Training schnell auf der Strecke und eh man sich versieht, geht man gar nicht mehr. Eine Erfahrung, die ich immer wieder gemacht hatte. Ich hatte das nicht mal bewusst wahrgenommen, aber da auch ein paar meiner Mitstreiter über die Jahre entweder ausgestiegen oder umgezogen waren, war es einfach nicht mehr das Gleiche. Der innere Schweinehund ließ sich in der Gruppe viel einfacher besiegen, da sie mich definitiv anzählen würden, wenn ich ein paar Trainings verpasst hätte. Alles zwar mit einem Lachen, aber auch einer Prise Ernst. Da ich nie geplant hatte, eine Auszeit zu nehmen, hatte ich mich für 2013 noch für eine Mitteldistanz in Moritzburg angemeldet. Dies vor allem, weil wir als Verein einen gemeinschaftlichen Wettkampf absolvieren wollten, der praktisch alle Distanzen für alle Niveaus anbot.

In einem Anflug von Wahnsinn war ich mir selbst zwei Wochen vor dem Wettkampf noch sicher, ich könnte die Nummer aus der Kalten stemmen. Ich entschied mich aber zumindest, mal wieder auf dem Zeitfahrrad Probe zu sitzen, zwei Mal Schwimmen zu gehen und auch noch mal die Laufschuhe anzuziehen. Im Wettkampf wurde ich schnell eines Besseren belehrt. Während ich das Schwimmen noch mit Ach und Krach mit einer passablen Leistung über die Bühne bringen konnte, war für mich die Aero-Position auf dem Rad schon nach 20 Kilometern unfahrbar. Das fehlende Athletik-Training und die nach wie vor viel zu große Überhöhung ließen meinen unteren Rücken laut aufschreien. Als einer der wenigen Athleten kam ich auf der Radstrecke sogar noch in den Regen. Und als sei dies alles nicht genug gewesen, musste ich auf dem abschließenden Halbmarathon mehrmals gehen, um mit der drittschlechtesten Zeit meiner Altersklasse zu finishen. Das war einfach nur demoralisierend. Die kommenden Wochen ging ich nur sporadisch zum Training. Und wieder einmal kam der Zufall ins Spiel. Flo, der sich seit dem gemeinsamen Trainingslager in Österreich zu einem der stärksten Athleten des Vereins entwickelt hatte, wollte zum Ironman 70.3 nach Norwegen. Vor allem wollte er aber nicht allein dort hin. Wie es der Zufall so wollte, hatte ich genau zu dieser Zeit Urlaub und noch nichts geplant. Die Firma sponsorte sogar noch einen Transporter für die Fahrt, sodass wir uns zusammen auf die lange Fahrt nach Haugesund machten. Mit einer »Bombenleistung« mischte er als Agegrouper das Feld der Profis auf und ebnete den Weg für seinen Einstieg als Profi ein Jahr später. Durch diese Aktion lernten wir uns aber vor allem besser kennen und so rutschte ich in eine neue Trainingsgruppe, die mir eröffnete, welches Potenzial noch in mir steckte.

Am Ende der Saison 2013 gab es beim abschließenden Grillen aber die entscheidende Motivation, um wieder voll ins Training einzusteigen: In einem unbedachten Moment schloss ich mit Volker, ebenfalls sehr gern gesehener und starker Trainingspartner, eine Wette ab. Ich war mir sicher, ihn auf einer olympischen Distanz in jedem Fall schlagen zu können. Das dazugehörige Rennen war mit Moritzburg im kommenden Jahr schnell gefunden. Als obligatorischer Wetteinsatz diente die gute alte Flasche Havanna Club, um die Sache abzurunden.

KAPITEL 6
IRONMAN MALAYSIA 2014

Nachdem die Wette feststand, nahm ich das Training im September 2013 wieder auf. Ich steigerte die Intensitäten zwar schnell, aber hatte Glück und blieb verletzungsfrei. Mit der neuen Trainingsgruppe machte ich noch mal einen deutlichen Leistungssprung. »Sollte ich all diese Mühen für ein einziges Rennen auf mich nehmen? Und das dann auch nur über die olympische Distanz?«
Ich begann, mich nach einem Rennen umzusehen, auf das ich einfach richtig Bock hatte. Wieder ein Abenteuer, verbunden mit einer schönen Reise, denn die Erinnerungen an Cozumel machten einfach Lust auf mehr. Ich brauchte auch nicht lange zu suchen. Der zwischenzeitlich pausierte Ironman Malaysia erfuhr eine Neuauflage und die Bilder weckten sofort Emotionen in mir. Da ich mich rechtzeitig umsah und auch genau an die richtige Mitarbeiterin im Reisebüro geriet, waren Flüge und vor allem das Wahnsinnshotel noch bezahlbar. Sie kannte sich durch einen Triathleten im Bekanntenkreis auch mit dem ganzen Drumherum wie dem Radtransport im Flieger gut aus und wusste einfach, worauf es ankommt. Auch die Jahre darauf habe ich, sofern möglich, alles nur noch über sie gebucht, denn gerade das Rad will sicher angemeldet sein, um nicht unerwartete Kosten

zu produzieren, die auch mal in die Tausende gehen können.

Ich machte also Nägel mit Köpfen, meldete mich beim Wettkampf an und buchte Flug und Hotel. Jetzt hatte ich noch einen weiteren guten Grund, das Training motiviert und diszipliniert durchzuziehen. Nachdem der Winter nach Plan lief, ging es für mich im April durch eine Aneinanderreihung von Zufällen zum ersten Mal ins Trainingslager nach Mallorca. Mein Radhändler hatte ein Trainingslager auf Mallorca gebucht und schon alles inklusive Rad bezahlt. Leider konnte er das Trainingslager durch einen Mitarbeiterweggang nicht wahrnehmen. Zu dieser Zeit war ich zufällig bei ihm im Laden und hatte ihm erzählt, dass ich mit dem Gedanken spielte, zum ersten Mal nach Mallorca ins Trainingslager zu fliegen. Er fackelte nicht lang und bot mir seinen Platz an. Ich war überglücklich und nahm das Angebot an.

Glücklicherweise kannte ich einen aus der Truppe und so flog ich der Sonne entgegen, um eine extrem harte, aber auch wirklich schöne Woche auf dem Rad zu verbringen. Da ich kurz vor Abflug dann doch noch Hüftprobleme bekam, fiel das Lauftraining nur sehr schmal aus und ich fokussierte mich auf meine große Schwäche, das Rad. Nachdem es bereits mehrere Tage mit einer Menge Höhenmeter über die Insel ging, stand noch die Königsetappe an. Unvergesslich bleibt für mich der Moment bei der Ankunft in der Bucht von Sa Calobra . Bei der Abfahrt sah ich die keuchenden Athleten, die sich hochquälten. Ich war heilfroh, dass wir nur runter mussten und gab das zum Besten. Als Antwort gab es ein schallendes Lachen samt Hinweis, dass wir in einer Sackgasse waren und somit ebenfalls wieder hochmussten. Einen Anstieg sowie einen Hungerast später hatte ich aber auch diese Etappe auf der Habenseite und kam in guter Form wieder zurück nach Berlin. Meine Hüfte hatte sich nach ein paar weiteren Tagen auch wieder erholt, wodurch ich bis zum Showdown in Topform in Moritzburg am Start stehen konnte.

Um es kurz zu machen: Die Wette ging verloren. Am Ende hatte ich 1:38 Minute Rückstand, war aber im Großen und Ganzen zufrieden, da die Formkurve weiter nach oben ging und mein eigentlicher Fokus mittlerweile ganz auf Malaysia lag. Für die weitere Saison bis zum Höhepunkt im September hatte ich nur noch zwei Wettkämpfe zu bestreiten. Diese verliefen wie erhofft, auch wenn ich gefühlt nie mein volles Potenzial abrufen konnte, das ich im Training gezeigt hatte.

Bis zum Abflug blieb ich gesund und verletzungsfrei. Bei der Abholung des Radkoffers von meinem Radhändler gab es noch etwas zum Schmunzeln. Ich kaufte direkt noch ein 29er-Mountainbike. Man sollte einfach den Mund halten, was man sich in naher Zukunft noch zulegen möchte, denn bei manchen Angeboten kann man einfach nicht nein sagen. Zwischenzeitlich hatte ich auch an meinem Zeitfahrrad nachgerüstet. Nachdem die Überhöhung der Vorjahre einfach nicht mehr fahrbar war, gab es einen neuen Lenker mit mehreren Optionen zum Verstellen, um das Optimum rauszuholen. Sicherlich nicht auf dem Niveau einer Radvermessung, aber ich schnappte mir meine Rolle, spannte das Rad ein und testete so lange, bis es sich gut anfühlte. Dazu hatte ich immer ein Video von der Seite laufen, um meine Position

83

im Blick zu behalten. Es war immer noch aerodynamisch, aber fahrbar.

Als es so weit war, ging die Aufregung spürbar nach oben. Zum ersten Mal trat ich solch eine Reise komplett allein an und dann auch noch an einen entfernten Ort mit völlig anderer Kultur. Aber ich war auch frohen Mutes, vor Ort schnell Anschluss zu finden, da die vielen Verrückten, die sich der gleichen Leidenschaft verschrieben haben, oftmals wie eine kleine Familie sind. Und so machte ich mich mit dem damaligen Geheimtipp Qatar Airways (2014: 30 Kilogramm Freigepäck + 10 Kilogramm Sportgepäck frei = 40 Kilogramm beliebig verteilbar auf zwei Gepäckstücke) auf den Weg nach Doha, Kuala Lumpur und letztlich Langkawi. Für mich begann das Abenteuer immer schon beim Flug, weshalb es mir wichtig war, mit einer guten Airline unterwegs zu sein. Selbst die Zwischenstopps waren nie lästig. Ich schlenderte voller Faszination über die Flughäfen.

Am Flughafen wurden die Athleten bereits durch ein Banner und ein paar Aufsteller begrüßt. Ich fühlte mich direkt angekommen. Die anderen Athleten waren in der Regel schnell an ihren ausgemergelten Gesichtern zu erkennen und wie so oft kam in mir der Gedanke hoch, dass die alle viel schneller aussehen als ich. Aber ich hatte mich in der Vergangenheit zum Glück selbst öfter eines Besseren belehrt, also schob ich den Gedanken beiseite. Nach einer längeren, äußerst preiswerten Taxifahrt im völlig ungefederten Taxi wurde ich in der Hotelanlage mit den Worten »You've got a free upgrade« begrüßt. Es war mittlerweile stockdunkel und ich konnte erst am nächsten Morgen den Meerblick aus meiner traumhaften Hütte genießen. Für mich war das ein neues Level und ein absoluter Traum. Aber ich war ja nicht hier, um einen entspannten Wellness-Urlaub zu verbringen, sondern ich musste mir meinen ersten Burger nach langer Abstinenz erst noch verdienen.

Für die Wege in der Anlage konnte man sich einen Elektroshuttle rufen. Dies nahm ich zwar nicht immer in Anspruch, aber auf Dauer legte man so auch ungewollt mehrere Kilometer mit ein paar Höhenmetern zurück. Kaum hatte ich die Tür meiner Hütte geschlossen, drehte ich mich um und sah drei Affen vor mir. Sie guckten mich erwartungsvoll an und ich war in diesem Moment starr, denn ich war völlig überrascht von der Situation. In diesem Moment wurde mir allerdings auch klar, wieso es überall Sicherheitspersonal gab. Dieses war vor allem da, um die Affen im Zaum zu halten. Glücklicherweise erlöste mich der hupende Shuttle.

Nach einem stärkenden Frühstück und dem Zusammenbau des Rads zog ich die Laufschuhe an, um einen Eindruck von den Bedingungen zu bekommen. Schon nach den ersten Metern fühlte ich deutlich, wie heiß, aber vor allem wie schwül es war. Für einen Europäer, der bei 15 °C Berlin verlassen und bei 35 °C Malaysia betreten hatte, war das definitiv keine leichte Sache. Aber natürlich war mir klar, dass ich in die Tropen reise und es eben genau solche Bedingungen geben würde.

Meine erste Fahrt mit dem Rad brachte mich mitten in einen Monsun-Regen, der alles für mich Dagewesene in den Schatten stellte. Die freundlichen Einwohner hatten mich unter einen überdachten Bereich am Straßenrand gewunken und es dauerte keine fünf Minuten, da war die 50 Millimeter hohe Felge meines Vorderrads komplett im Wasser versunken. Ein paar Minuten später war der Spuk wieder vorbei. Das Wasser verschwand so schnell, wie es kam und ich fuhr zurück zum Hotel. Hier traf ich am Nachbarhaus auf einen weiteren Athleten. Wie sich noch am gleichen Tag herausstellen sollte, kam er auch aus Deutschland und die kommenden Tage lernte ich alle vier aus der Nürnberger Truppe kennen. Tolle Menschen und starke Athleten, die die Zeit vor Ort nur noch schöner machten. Wie sich herausstellte, hatte ich mit ihnen in der Vergangenheit bereits Ironman-Rennen zusammen bestritten. Unter anderem auch auf Cozumel. Und von dort gab es direkt noch zwei weitere bekannte Gesichter, die ich auf Langkawi wieder traf. Auch die Welt ist halt manchmal nur ein Dorf.

Rein vom Papier her hatte ich in Malaysia eine Chance für das Hawaii-Ticket gesehen. In den Jahren vor der mehrjährigen Pause des Wettkampfs lagen die Quali-Zeiten immer über zehn Stunden. Vor Ort hatte ich mich nach drei Tagen an die 30 °C und über 80 Prozent Luftfeuchtigkeit gewöhnt. Auch der Jetlag war trotz sechs Stunden Zeitumstellung schnell weg und ich war guter Dinge.

Die Logistik mit Unterlagenabholung, Racebriefing und Check-in ließ sich für uns nur mit einem Mietwagen gut bewältigen. Wir hatten unser Hotel auf der anderen Seite der Insel. Start- und Zielpunkt war im Jahr 2014 die Hauptstadt der Insel Kuah. Die Eröffnungsfeier fand bei gefühlten 10 °C in einer extrem klimatisierten Halle statt. Ich habe selten so viele Menschen zittern sehen, da ein Großteil mit Flipflops, kurzen Hosen und T-Shirt dasaß.

Am Rennmorgen war ich nicht wie sonst komplett im Tunnel. Ich hatte gut geschlafen und war voller Ehrfurcht vor der Distanz bei diesen äußeren Bedingungen. Hinzu kam, dass wir am Rennmorgen noch mal mit dem Auto zur anderen Seite der Insel fahren mussten. Dank Tim, einem meiner Nürnberger Mitstreiter, konnte ich mich erstmals mit Lichtschutzfaktor 110 eincremen. Er hatte sich diese extra vor Ort zugelegt, denn die Sonne war unerbittlich. Die Creme ließ die Haut zwar nur wenig atmen, aber zumindest hatte ich nach dem Rennen keinen schmerzhaften Sonnenbrand. Die Vorbereitung des Rads und die vielen nervösen Toilettengänge waren nur noch Routine. Allerdings gab es bereits früh um 6 Uhr eine Ansage, die fast allen Athleten die Gesichtszüge entgleiten ließ:»Wir erwarten Temperaturen von bis zu 39 °C«. Und das im Schatten! »Puh«. Das war noch mal ein ganzes Stück heißer als an den Vortagen und darauf zurückzuführen, dass es an den beiden Tagen zuvor keinen kühlenden Regen gegeben hatte. Dies blieb auch am Wettkampftag so. Aber egal. Abhaken und aufs Wesentliche konzentrieren, denn die Bedingungen waren für alle gleich. Der Start lief bei den Ironman-Asia-Pacific-Rennen zu diesem Zeitpunkt fast nur noch als Roll-Down-Start ab. Man teilte sich selbst in eine Welle ein, nach Zeitvorgabe des Veranstalters, und dann starten innerhalb der Welle alle drei Sekunden immer vier Athleten zusammen. Dadurch gab es zwar deutlich weniger Prügeleien, aber so wusste man nie im Rennen, ob man vor oder hinter dem Athleten ist, der gerade vor einem läuft.

Als meine Gruppe am Start war, blieb nicht viel Zeit zum Überlegen. Drei Sekunden nach der Gruppe vor uns ging es im Swimsuit in die kochende Suppe mit 30 °C Wassertemperatur. Das war der mit Abstand am besten abgesteckte

87

Schwimmkurs, den ich je gesehen hatte. Alle 25 Meter ein Fähnchen und alle 380 Meter eine große Boje, die von 1 bis 10 durchnummeriert waren. Ohne Strömung und ohne Wellengang war ich dennoch ein wenig orientierungslos, was mein Tempo anging. Mit der Zeit von 1:11 Stunde war ich am Ende aber zufrieden, da die schnellsten Zeiten der Agegrouper bei 1:00 Stunde lagen.

Nach einem zügigen Wechsel ging es auf dem Rad direkt hart los. Nach den ersten beiden Kilometern kam schon die erste Rampe. Nicht so lang, aber eher steil, und sie brachte so einige mit der gewählten Übersetzung zur Verzweiflung. Direkt nach der anschließenden anspruchsvollen Abfahrt auf schlechtem Asphalt ging es in die nächste Rampe, wobei die Asphaltqualität durchweg schlecht war. Nach weiteren zehn Kilometern gab es noch eine Rampe, die in einen welligen Abschnitt überging, bis man in die »Red Bull Tough Zone« kam. Hier gab es fünf Anstiege innerhalb von zwölf Kilometern inklusive einer »MonkeyArea« mit Essverbot und diversen anderen Restriktionen für diesen Bereich. Es ging hier vor allem darum, sich und seine Mitstreiter nicht unnötig in Gefahr zu bringen. Hätte man vor den Affen etwas gegessen oder sie direkt angesehen, hätten diese möglicherweise mit Aggression reagiert und einen zu Fall gebracht. Allerdings hatte ich die Affen an anderen Streckenteilen gesehen. Es gab sogar Erzählungen, dass in einem der Vorjahre Affen eine Verpflegungsstelle überfallen hatten und alle Helfer geflüchtet sind. Die Athleten konnten nur daran vorbeifahren und zusehen, wie die Affen Gels und Riegel verschlangen.

Neben den Affen gab es aber auch Kühe und Hunde, die auch einfach mal spontan über die Straße liefen, sodass man sich mit Rufen bemerkbar machen oder ausweichen musste.

Nach diesem Abschnitt ging es auf den schnellen Teil der Strecke. Also eigentlich, denn an diesem Tag gab es hier Gegenwind. Zu diesem Zeitpunkt war die Hitze bereits fast unerträglich. Aber Zähne zusammenbeißen und ab in die zweite Runde. Die Scheibe war an diesem Tag und für diese Strecke zumindest für mich nicht die optimale Wahl. Das hatte aber keinen großen Einfluss. Trotz super Vorbereitung konnte ich nicht die antrainierte Leistung abrufen. Ich blieb deutlich hinter meinen Erwartungen zurück. Auf den letzten 30 Kilometern kamen Schmerzen im linken Knie dazu, aber das war pünktlich zum Laufen wieder weg.

Als ich in die Wechselzone kam, standen trotz meiner mittelprächtigen Radzeit noch relativ wenig Räder. Da wurde mir klar, dass ich nicht der Einzige war, der bei den Bedingungen ins Straucheln gekommen war. Die Radbestzeit der Profis lag nur bei knapp unter fünf Stunden. Ich schlüpfte schnell in Socken und Schuhe, Gel rein, Visor und Sonnenbrille auf und los. Üblicherweise konnte ich im Ironman zumindest immer zügig loslaufen, selbst wenn es wie auf Eiern war. Aber nicht an diesem Tag. Die Hitze war einfach zu viel für mich. Für diese Jahreszeit, so hatten es uns danach auch Einheimische bestätigt, war es ein ungewöhnlich heißer Tag. Nach vier Kilometern ging dann praktisch gar nichts mehr. Ich stand und konnte nicht mal gehen. Vergleichbar war der Moment mit einer Sauna, aus der man irgendwann einfach raus muss. Allerdings gab es hier keinen Ausgang.

Nur die drei Buchstaben, die ich nie sehen wollte, »DNF«, also der Ausstieg aus dem Rennen. Aber das war keine Option. In diesem Moment kam Tim vorbei und hatte ein paar aufmunternde Worte für mich. Bei ihm lief es deutlich besser. Er hatte mich bereits auf den ersten Kilometern auf der Radstrecke überholt und somit befand er sich bereits in Laufrunde 2 von 4. Es tat trotzdem gut und ließ mich die letzten Schritte bis zur Verpflegungsstelle bewältigen. Diese waren top aufgestellt. Vor allem die riesigen Bassins mit Wasser und gigantischen Schöpfkellen waren Gold wert!

Ich wusste, so konnte das Rennen nicht weitergehen, also stellte ich mir einen Plan auf. Nur an den Verpflegungsstellen gehen und ein paar Meter danach dann wieder laufen. Das ging mal besser, mal schlechter. Um mich herum ging es einem großen Teil der Athleten nicht besser. Ich hatte noch nie so viele gehen sehen. Hinzu kam, dass es kaum Schatten gab und ein Teil der Laufstrecke etwas demotivierend war. Man musste drei Kilometer zickzack vor einem Stadion laufen. Ich verglich das mit dem Jena Triathlon, wobei es dort durch das höhere Tempo mehr Spaß gemacht hatte.

Zwischendurch wurde an den Verpflegungsstellen auch mal die Musik ausgeschaltet. Malaysia ist ein islamisch geprägtes Land und die Religion steht über allem. So lief man dann halt auch mal an einer Moschee vorbei, während die Gebete über die Lautsprecher schallten. Auch wenn es ungewohnt war, fand ich es wirklich beeindruckend.

Das Tempo im Marathon war zwar nie so richtig schnell, aber irgendwie kam ich doch in einen Rhythmus. Am Ende der vierten Runde überquerte ich mit gequältem Lächeln und den letzten Funken Sonnenlicht die Ziellinie. Ich war fix und fertig. Was für ein Tag. Was für eine Hitzeschlacht.

Zeiten
SWIM   –   1:11 Stunde
BIKE   –   6:10 Stunden
RUN   –   4:43 Stunden
Gesamt –   12:13 Stunden

Für die beiden anderen vom Team Klinikum Nürnberg lief es da schon besser. Mit Roth als Trainingsstrecke konnten beide besser über die Rampen und Wellen drücken. Und auch mit der Hitze kamen beide besser klar. Mit Platz 5 und 3 in den jeweiligen Altersklassen und dem Glück des Tüchtigen bei der Slotvergabe konnten sie sich den Platz für die Weltmeisterschaft auf Hawaii 2015 sichern, was für so einige Freudentränen sorgte.

Zum Abschluss wurde ich noch von der Truppe zum Essen eingeladen und wir ließen den Trip in einem traditionellen Restaurant ausklingen. Trotz Trauer über meine Leistung war ich überglücklich, diese Reise gemacht zu haben. Es war der friedvollste Ort, an dem ich je war. Zwei Wochen kein Fluchen, kein Streiten. Dazu die Flora und Fauna. Ich war einfach hin und weg.

Dennoch zog ich nach dem Rennen ein klares Fazit. Das war meine Grenze, eher schon darüber hinaus. Die Kombination aus knapp 40 °C im Schatten und über 80 Prozent Luftfeuchtigkeit war einfach nur krass. Ich brauchte zumindest etwas mildere Temperaturen, um meine Stärken überhaupt ausspielen zu können. Ob überhaupt noch mal, wann und wo wusste ich zu diesem Zeitpunkt noch nicht.

Tim hatte das Ticket in der Tasche und bei seiner Buchung auf Hawaii ein weiteres Zimmer für mich freigehalten. Dies motivierte mich dann doch so sehr, noch einen weiteren Versuch zu starten, um 2015 auf Hawaii am Start stehen zu können.

KAPITEL 7

IRONMAN SOUTH AFRICA 2015

Nachdem mir Tim dieses Angebot gemacht hatte, begann ich Pläne zu schmieden, wie und vor allem wo ich den nächsten Qualifikationsversuch starten könnte. Ich wollte und konnte kein ganzes Jahr warten, da die Zimmer-Option für Hawaii zu verlockend war. Also suchte ich nach einem Rennen im März oder April. Dies auch auf die Gefahr hin, den Winter entsprechend voll durchtrainieren zu müssen.

Mein Fokus fiel relativ schnell auf das Rennen in Südafrika. Ich sah mir die Ergebnisse der letzten Jahre an, um abzuwägen, ob es überhaupt sinnvoll wäre sich anzumelden, denn Sub-9-Rennen waren aus meiner Sicht komplett unrealistisch, um es zu versuchen. Auch wenn ich mir darüber im Klaren war, dass die Zeiten meist in Relation zu den Bedingungen und Strecken schneller oder langsamer waren. Trotzdem war dies immer eine mentale Barriere für mich, da ich ja nicht mal die 10 Stunden knacken konnte. Die Zeiten in Südafrika waren schnell, aber nach meiner Meinung nicht unschaffbar für mich und so fackelte ich nicht lange und fand mich wieder im Reisebüro, um alles zu buchen. Außerdem war das Rennen eine der Kontinental-Meisterschaften, wodurch es ganze 75 Slots gab.

Nun hatte ich die nötige Motivation, um nach drei Wochen Saisonpause wieder ins Training einzusteigen. Wie erwartet gestaltete sich das Training äußerst zäh. Ein Blatt nach dem anderen fiel von den Bäumen der herbstlich anmutenden Szenerie. Ich versuchte auf dem Rad noch so lange wie möglich draußen zu trainieren und nutzte so die Chance, noch ein paar Sonnenstrahlen zu erhaschen. Als das Radfahren durch die Temperaturen und den Regen kaum mehr draußen möglich war, musste ich auf die Rolle umsteigen. Um das Training erträglich zu gestalten, legte ich mir relativ schnell »Rollen-Programme« fest, indem ich eine Playlist aus YouTube-Videos von Ironman-Wettkämpfen oder Extrem-Sportarten zusammenstellte. Da ich diese in den Monaten zuvor immer wieder zur Motivation inhaliert hatte, wusste ich, wie ich die Anordnung gestalten musste, um entsprechende Programme festzulegen. Die kurzen 5-Minuten-Videos mit lauter und schneller Musik wurden für die kurzen, aber knackigen Intervalle genutzt und die längeren und ruhigeren Videos für die restliche Zeit. Am Ende hatte ich mir auf diese Art mehrere Programme von 45 Minuten bis 3 Stunden zusammengestellt. Natürlich war es auf Dauer öfter langweilig, immer wieder das Gleiche zu sehen, aber noch demotivierender war es für mich, irgendeinen Film im Fernsehen zu schauen oder einfach nur Musik zu hören.

Beim Laufen wiederum hatte ich Glück. Der Winter war nicht allzu streng, sodass ich all meine Einheiten problemlos draußen absolvieren konnte. Ich hatte neben unserem alljährlichen 10-Kilometer-Silvesterlauf auch noch einen 20-Kilometer-Wettkampf in die Vorbereitung gepackt. Hier bot sich glücklicherweise Christoph, ein starker Läufer aus dem Verein, an, das Rennen mit mir zu bestreiten, um mich so zu einer schnelleren Zeit zu pushen. Und das »Pushen« meine ich an dieser Stelle sinnbildlich und nicht wortwörtlich. Der Silvesterlauf endete mit einer mittleren 38er Zeit, was bei halb vereister Strecke okay war. Beim 20-Kilometer-Lauf stand am Ende 1:16 Stunde auf der Uhr. Für mich ein klares Zeichen, auf dem richtigen Weg zu sein.

Der letzte große Schritt meiner Vorbereitung war ein Trainingslager auf Mallorca. Mit den üblichen Verdächtigen Flo und Kurti ging es mit unseren Zeitfahrmaschinen ins Viva Blue, um noch einmal wichtige Kilometer zu sammeln. Vor Ort traf man auf bekannte Gesichter und lernte auch eine Menge neue kennen. Wir trainierten mit einer Truppe aus Kamenz, die nicht nur bärenstark war, sondern auch noch gute Laune verbreitete. Dazu gesellte sich noch der ein oder andere Profi und so war mir bereits am ersten Tag klar, dass der »Suffer-Score« in dieser Woche am oberen Limit liegen würde. Dies bestätigte sich bereits am ersten Tag, als wir im »gemütlichen« 40er Schnitt die ersten Kilometer losrollten. Keiner in der Gruppe wollte sich die Blöße geben und so hielten auch alle bei der Führungsarbeit voll rein. An den Bergen gab es letztlich dann doch eine »natürliche Selektion«, aber entweder oben oder unten wurde kurz gewartet, um dann gemeinsam weiterzufahren. Für mich war das auf dem Rad eine neue Dimension der Intensität, aber es hat richtig Spaß gemacht.

Leider hatten wir eine sehr windige Woche auf der Insel erwischt. Unser Versuch, zum Kap Formentor hochzufahren, scheiterte an orkanartigem Wind, der dazu führte, dass drei aus unserer Gruppe durch den Wind einfach über die Straße verteilt wurden. Die anderen konnten sich gerade so an den Felsen retten. Die noch Stehenden bildeten danach eine

Menschenkette, um einen nach dem anderen von der Straße zu ziehen. Wir kamen nach ein paar Minuten mit einigen Blessuren wieder unten an und fuhren zurück Richtung Hotel. Auf der Rückfahrt hatten wir so starken Seitenwind, dass man auf der linken Seite der Gruppe keinerlei Windschatten mehr hatte. An jeder Position musste man somit Führungsarbeit leisten. Dazu sah es abgefahren aus, wie schräg sich alle legen mussten, um dem Wind zu trotzen. Letztlich hatte ich mit meiner aufgeschürften Hand noch Glück, da wir in der Gruppe auch einen abgebrochenen Zahn zu beklagen hatten. Aber leider sollte alles noch viel schlimmer kommen.

Zwei Tage später stand der Küstenklassiker an, der mit ordentlich Kilometern, aber vor allem auch Höhenmetern aufwartete. Nachdem wir uns gut eingerollt hatten, wurde es direkt beim ersten Anstieg ernst. Mit 290 Watt im Schnitt fuhr ich im »Niemandsland« zwischen zwei Gruppen. Aber kaum oben angekommen, ging es durch die ersten zwei Kurven der Abfahrt und ich sah, dass einer aus unserer Gruppe gestürzt war. Kurti lag fünf Meter von der Straße entfernt im Graben. Die Art und Weise, wie er dort lag, machte mir bewusst, es konnte kein leichter Sturz gewesen sein. Letztlich kam die Grasnarbe in einer Linkskurve wenige Zentimeter zu früh, wodurch er im Graben landete. Unsere Truppe versorgte ihn so gut es ging und der erste Krankenwagen kam bereits rund 20 Minuten später an diesem abgelegenen Ort an. Ich war beeindruckt, wie hilfsbereit sowohl die Einheimischen als auch Touristen waren, denn es ist niemand vorbeigefahren oder einfach nur gaffend stehen geblieben. Nachdem er versorgt war und im Krankenwagen lag, ging es mit gemischten Gefühlen für mich weiter. Ich war den Rest der Fahrt ziemlich verunsichert, was sich auch auf dem Rad bemerkbar machte. Flo fand aber die richtigen Worte, um mich wieder in die Spur zu bringen. Glücklicherweise hatte der Sturz trotz Wirbelverletzung keine bleibenden Schäden bei Kurti hinterlassen. Das Trainingslager endete für mich mit gemischten Gefühlen, aber ich wusste, er war in guten Händen.

Die letzten Wochen vor dem Abflug nach Südafrika nutzte ich, um meinen Plan sauber durchzuziehen und vor allem qualitativ gut zu trainieren. Der Vorjahressieger war Nils Frommhold, und obwohl wir uns nicht kannten, schrieb ich ihm bei Facebook, um nach Tipps für das Rennen zu fragen. So was hatte ich vorher noch nie gemacht und eigentlich hatte ich auch keine Resonanz erwartet, aber als die Antwort kam, freute ich mich umso mehr. Er schrieb mir wirklich eine Menge guter Tipps, die mir Mut machten und wieder einmal unter Beweis stellten, warum dieser Sport mehr war als nur Schwimmen, Radfahren und Laufen. Auch Begriffe wie »best from the west« oder »beastern eastern« sollten vor Ort sehr schnell verständlich für mich werden.

Nach zwei langen Flügen bis nach Johannisburg hieß es erst mal Koffer aus- und wieder neu einchecken. Dies ist in Südafrika gesetzlich so vorgeschrieben und da ich nach Port Elizabeth nur über einen Inlandsflug gelangen konnte, gab es keine Möglichkeit, das Gepäck bis zum Zielort durchzuchecken. Da ich nur eine kurze Umsteigezeit zu meinem Flieger nach Port Elizabeth hatte und der Flughafen riesig war, sprach ich direkt den nächsten Flughafen-Mitarbeiter an,

97

um das alles überhaupt schaffen zu können. Dieser versicherte mir, dass er nachkommen würde, um mir zu helfen. Ich ging also zügig zur Passkontrolle, wo mich zusätzlich noch eine Ebola-Kontrolle in Form einer Infrarotkamera erwartete. Am Gepäckband fand ich schnell meinen Koffer und so ging ich ein Stück weiter zum Sperrgepäckschalter, um mein Rad in Empfang zu nehmen. Es kam und kam aber einfach nicht. Nach endlosen Minuten erschien der Flughafen-Mitarbeiter, den ich bei der Ankunft angesprochen hatte. Er lotste mich zu einem weiter entfernten Gepäckband. Hier hatte man meine Rad-tasche einfach stehen gelassen. Sie wurde, wie ich danach erfahren sollte, wohl extra dort hingeschoben, damit ich meinen Flieger noch bekomme. Deshalb ging die Tasche auch nicht den Weg über das Sperrgepäck und aus diesem Grund wusste keiner Bescheid. Egal, abgehakt und weiter. Nun musste es richtig schnell gehen. Wir rannten durch den Flughafen zum Check-in-Schalter, um das Gepäck für den Weiterflug nach Port Elizabeth einzuchecken. Um keine Zeit zu verlieren, schleuste er mich zum Business-Class-Schalter, wo ich ohne Warten schnell alles abgeben konnte. Danach ging es weiter rennend durch den Flughafen zur nächsten Sicherheitskontrolle. Hier stand ein Meer von Menschen und ich sah den Flieger schon ohne mich abheben. Plötzlich zückte er eine Karte und wir fuhren mit dem Fahrstuhl ein Stockwerk höher. Da ging es durch die First-Class-Sicherheitskontrolle und auf direktem Weg zu meinem Gate. In meiner Naivität dachte ich bis zu diesem Punkt, dass er dies alles aus reiner Nächstenliebe tat beziehungsweise weil es sein Job war. Aber dann kamen ein paar Worte, die mich schnell auf den

Boden der Tatsachen holten: »I like Euros. How about hundred?! « Mir blieb kurz die Spucke weg und er verschwand noch mal für zwei Minuten zu einem zweiten »Kunden«. In dieser Zeit überlegte ich mir, was angemessen wäre. Am Ende gab ich ihm 20 Euro und er ging ohne viele Worte wieder seiner Wege.

Einen kurzen Flug und eine noch kürzere Taxifahrt später kam ich in meinem Hotel an. Nach den Check-in-Formalitäten nutzte ich die Chance, meine E-Mails zu checken. Eine der Mails war vom Veranstalter und der Inhalt beunruhigte mich etwas. Es gab festgelegte Zeiten, zu denen man die Radrunde im Training abfahren sollte, da in diesen Zeiten mehrere Ampelkreuzungen überwacht wurden, damit es nicht zu Überfällen kommt. Leider gab es in der Zeit vor dem Rennen noch eine Tragödie, die selbst bis nach Südafrika große Wellen schlug. Der Absturz der Germanwings-Maschine war omnipräsent. Tagelang wurde vor allem auf den Nachrichtensendern über nichts anderes berichtet.

Bei der Erkundung der Radrunde lernte ich bereits nach ein paar Kilometern einen Briten kennen, mit dem ich die restliche Runde gemeinsam fuhr. Wir verstanden uns auf Anhieb und konnten die Schönheit der Landschaft genießen. Vor allem die Sanddüne am Wendepunkt und inmitten all des Grüns beeindruckte mich. Zurück im Hotel fand ich Unterlagen für Laufrunden mit Karten und Angabe der Kilometer. Ich entschied mich für eine davon und war schockiert, als ich an den Einfamilienhäusern vorbeilief, die als Hochsicherheitstrakte getarnt waren. Sicherlich hatte ich das schon öfter gehört, aber vor Ort war es doch ein etwas beklemmendes Gefühl.

Im Hotel lernte ich auch den Hoteldirektor kennen, der gebürtiger Österreicher war. Wir führten ein paar spannende Gespräche und es war immer wieder eine Freude, wenn man sich über den Weg lief. Da ich der erste Ironman-Athlet war, der anreiste, hisste er neben der südafrikanischen und der österreichischen auch die deutsche Fahne. Eine wirklich nette Geste.

Bei der Abholung der Startunterlagen wurde mir die Dimension der Veranstaltung bewusst. Sie fand in einer Hotelanlage statt, die auch in einen Disneyfilm passte. Dagegen wirkte so manch anderer Ironman wie ein Rennen im familiären Kreis. Ich nutzte auch die Chance des morgendlichen Schwimmens mit erwartet starkem Wellengang. Nach dem Rennen in Almere konnte mich allerdings nichts mehr so leicht erschüttern. Ich hatte ein gutes Wassergefühl und einfach richtig Lust auf das Rennen. Selbst der Check-in des Rades steigerte die Vorfreude in mir. Am Abend gab es wie immer »Carboloading« in Form von Pasta. Leider gab es keine Bolognese, sondern nur Carbonara, was noch Konsequenzen mit sich bringen sollte.

Und täglich grüßt das Murmeltier. Es war 3 Uhr am Rennmorgen. Meine Rituale liefen recht routiniert: Ich aß etwas Brot, mixte meine Trinkflaschen, packte den Rest nur noch zusammen, der schon bereitgelegt war und machte mich auf den Weg zum drei Kilometer entfernten Start. Beim Racebriefing wurde uns mitgeteilt, dass ein Shuttleservice bis zu meinem Hotel eingerichtet wird, auf dem die Transporter ständig hin- und herfahren, um uns einzusammeln und zum Start zu fahren. Ich hatte Glück und konnte direkt in den Shuttlebus steigen. Fünf Minuten später kamen noch zwei

100

Athleten aus dem Hotel und wir fuhren los. An der Straße standen etliche Athleten, die erwartet hatten, dass die Busse stehen bleiben, allerdings hatte der Fahrer einen anderen Plan. Er fuhr uns trotz unserer Hinweise, dass es im Racebriefing anders angekündigt worden war, schnurstracks zum Start ohne weiteren Zwischenstopp. Das war wirklich ärgerlich, denn ein Großteil der Athleten musste nun doch mehrere Kilometer zum Start laufen und die Shuttlebusse waren nicht mal halb voll.

In Südafrika war es zu dieser Jahreszeit vor und nach Sonnenuntergang immer recht frisch, sodass eine Jacke für mich Pflicht war. Beim Betreten der Wechselzone merkte ich erneut, welcher Aufwand in Südafrika betrieben wurde, um ein echtes Top-Event auf die Beine zu stellen. Der Himmel war voll mit Hubschraubern und wohin man sah, war etwas los. Egal ob die Cheerleader, die kurz vor dem Start noch am Strand aufgetreten sind, oder die Kameras, die überall den Fokus auf die Profis richteten. Ich war überraschend gelassen und hatte ein wirklich gutes Gefühl für den Tag. Die Handgriffe beim Vorbereiten des Rades und das Checken der Wechselbeutel lief wie von selbst. Ich konnte es nicht mehr erwarten, den Startschuss zu hören, um mir meinen Traum zu erfüllen.

Das Rennen startete als Massenstart, wobei zumindest Männer und Frauen separat antraten. Ich ordnete mich in der ersten Reihe ein. Ich war im Tunnel. Der ganze Trubel links und rechts neben mir, die vielen Hubschrauber, die anderen Athleten, all das nahm ich erst nach dem Rennen in einem Zusammenschnitt so richtig wahr. Startschuss – es war ein Landstart, der uns in die tosenden Wellen führte.

101

Der Wellengang war an diesem Tag recht stark und der Kampf bis zur ersten Boje umso wichtiger. Ich hatte mich gut positioniert und war bereit, die Arme und Beine der anderen abzuwehren. Doch dann kam alles anders: Mein Vordermann bremste unerwartet ab und machte einen Brustbeinschlag. Dieser erwischte mich voll im Gesicht, genauer gesagt im Kiefer und ich merkte sofort, dass irgendwas passiert war. Ich blieb erst mal fokussiert und schwamm um die Boje. Dabei registrierte ich eine scharfe Kante in meinem Mund und mir war klar, dass ein Zahn an- oder abgebrochen war. Meine Zunge machte sich auf die Suche nach der Stelle und registrierte einen lockeren Teil eines Zahns, der noch nicht ganz loslassen wollte. Ich überlegte mir meine Optionen. Entweder ich lasse es so und riskiere, dass ich in meinem Mund noch mehr Schaden verursache und noch stärker anfange zu bluten. Die andere Option war, den lockeren Teil rauszureißen und dann zu schauen, ob ich damit klarkomme oder auch nicht. Da ich nicht viel Zeit hatte, um darüber nachzudenken, entschied ich mich für die zweite Option. Ich schwamm etwas beiseite, griff nach dem lockeren Teil vom Zahn, machte kurz die Augen zu und zog. Glücklicherweise ging es relativ schmerzfrei und ich konnte direkt weiterschwimmen. Auf den nächsten Metern ging ich immer wieder mit der Zunge am Rest des Zahns entlang, um zu schauen, wie scharfkantig dieser nun war. Trotz der kurzen Aufregung und des Adrenalinschubs war keine wirkliche Beeinträchtigung danach spürbar. Ich konnte mich wieder voll und ganz auf den Wettkampf konzentrieren.

Der weitere Weg auf der Schwimmstrecke bis zur Wendeboje ging Richtung Osten und somit direkt in die aufgehende Sonne hinein. Das Gelb der Bojen und der starke Wellengang taten ihr Übriges, um es mir und den anderen Athleten nicht gerade leichter zu machen. Zwischendurch gingen mir die Informationen über die Hai-Sichtungen beim Probeschwimmen durch den Kopf. In Gedanken versunken wich ich ungewollt ein Stück vom Kurs ab und fand mich an den Begrenzungsbooten wieder. Ich musste fokussiert bleiben, denn das Schwimmen war wirklich anstrengend. Immerhin war ich hier, um die Hawaii-Quali zu holen und mir meinen großen Traum zu erfüllen. Auch die Option auf das Zimmer, das Tim mir freigehalten hatte, motivierte mich.

Das tosende Meer sorgte für eine unfreiwillig große Zufuhr an Salzwasser in meinen Verdauungstrakt. Ich hatte im Vorfeld zum Rennen lediglich direkt vor Ort bei Wellengang trainieren können, in Berlin war zum Frühlingsbeginn nicht an Freiwasserschwimmen zu denken. Die Wendeboje war eine wichtige Zwischenstation, denn nun hatte ich zumindest nicht mehr direkt die Sonne im Blick und konnte mich wesentlich besser orientieren. Während ich auf dem Hinweg sowohl die Begrenzungsboote auf der linken als auch auf der rechten Seite gesehen hatte, blieb mir dies auf dem Rückweg erspart und ich konnte relativ sauber durchschwimmen. Der Ausstieg war ähnlich befreiend wie 2008 in Almere, denn ich war spürbar stärker erschöpft als üblich. Ich griff mir an Land direkt einmal in den Mund, um zu schauen, ob ich noch blutete, aber glücklicherweise war das nicht der Fall. Ich schnappte mir meinen Wechselbeutel, zog mich im Zelt um, ließ mir Sonnencreme auftragen und rannte zu meinem Fahrrad. Nun schnell raus aus der Wechselzone und ab auf die 180 Kilometer.

Ich ging die erste Runde etwas zu verhalten an. Ich hatte in den früheren Rennen immer Situationen, in denen ich direkt nach dem Schwimmen von den starken Radfahrern eingesackt wurde, allerdings hatte ich ein hartes Trainingslager hinter mir und mittlerweile eigentlich auch gute Radbeine. Trotzdem fehlte es mir irgendwie an Entschlossenheit, dies auch ab dem ersten Kilometer in die Tat umzusetzen. Während in den Tagen zuvor im Training kaum Wind auf der Radstrecke zu spüren war, hatten wir es am Renntag mit »beastern eastern« zu tun, also Wind aus Osten. Das war jedoch auf dem ersten Teil der Strecke kein großes Problem, da diese durch das Landesinnere führte und man noch ziemlich windgeschützt fuhr. Erst nach einem Knick an der Sanddüne wurde der Wind spürbar stärker und blies einem ins Gesicht. Dazu ging es ab diesem Punkt auch stärker auf und ab, oder wie der Vorjahressieger Nils Frommhold mir schrieb, eher »rolling hills«. Die Qualität des Asphalts wechselte zwischen schlecht und sehr schlecht. Lediglich auf einem kleinen Stück rollte es butterweich.

Völlig aus dem Nichts überkam es mich plötzlich und ich musste an eins der Dixis rechts ranfahren. In mir drehte und verkrampfte es sich und ich war nicht mehr Herr über meinen Körper. Ich verbrachte dort gute zehn Minuten und musste hoffen, dass sich mein Körper irgendwie wieder fängt. Ich hatte zwar bereits beim Rennen auf Cozumel erlebt, wie es mir ergeht, wenn ich zu viel Salzwasser schluckte, aber diesmal war es weitaus schlimmer und unangenehmer. Nachdem ich mich wieder aufs Rad gesetzt

104

hatte, merkte ich ein paar Kilometer später, dass es wieder losging, wodurch ich das nächste Dixi ansteuern musste. Auf dem Weg dahin grübelte ich, was gerade mit meinem Körper passierte und wie es dazu kommen konnte. Mir ging die Pasta vom Vorabend durch den Kopf. Mir war nicht bewusst, dass Carbonara mit rohem Ei gemacht wurde. Ich kann aber auch nicht mit Sicherheit sagen, woran es lag. Klar war, dass ich neben Mitstreitern, Strecke und Bedingungen nun noch einen härteren Gegner hatte – meinen eigenen Körper. Der zweite Stopp sollte der letzte auf der ersten 90-Kilometer-Runde bleiben. Ich sprudelte vor Adrenalin und Wut und fuhr zu Beginn der zweiten Runde mit Vollgas und ließ auf rund 20 Kilometern niemanden passieren. Ich hatte noch nie so viele Mitstreiter in einem Ironman in so kurzer Zeit überholt. Natürlich war das nicht clever, aber der Frust war nahezu grenzenlos. Am Morgen hatte ich noch so ein gutes Gefühl und nun ließ der Rennverlauf mein Hirn ausschalten. Meine schwindenden Energiereserven wurden durch die sinnlose Attacke noch schneller dezimiert. Die Dixi-Stopps blieben mir in der zweiten Runde auch nicht erspart. Der Wind zog sogar noch an und so war das Erreichen des Radfinishs ein echter Krampf. Mein Durchschnittstempo sank dank der Stopps und mangelnder Kraft auf unter 30 km/h. Ich war enttäuscht von mir selbst, wollte es aber in jedem Fall ins Ziel schaffen.

In der Wechselzone nutzte ich erneut die Möglichkeit, mich mit Sonnencreme nachcremen zu lassen, um Sonnenbrand nach Möglichkeit zu vermeiden. In meinem Kopf hatte ich eine Menge Fragezeichen, wie das Rennen weitergehen sollte. Schon auf den ersten Metern in meinen Laufschuhen

105

war spürbar, dass meine Energiereserven weit niedriger waren als üblicherweise in diesem Moment. Ab der ersten Runde musste ich mehrere Dixi-Stopps einlegen. Glücklicherweise bin ich im Zweiteiler gestartet und mir blieb aufwendiges Aus- und Anziehen erspart. Besonders dramatisch wurde es in Runde 2 von 3. Ich musste erneut einen Stopp einlegen. Nach wenigen Minuten stand ich auf, wollte losrennen und musste wieder zurück. Einige Minuten später lief ich ein paar Meter los und drehte um. Doch in diesem Moment war das Dixi besetzt. Ich lief also gegen jede Vernunft weiter bis zur nächsten Verpflegungsstelle. Hier gab es aber kein Dixi, obwohl im Racebriefing betont wurde, dass es diese an jeder Verpflegungsstelle geben würde. Also Zähne und Arschbacken zusammengekniffen und irgendwie weiterschleppen. Ich war weit weg davon, irgendein System oder einen Plan zu haben. Es ging nur noch darum, mich irgendwie ins Ziel zu bekommen. Beim Racebriefing wurde unter anderem noch betont, dass es nach Sonnenuntergang sehr frisch wird und man in seinen »Special-Needs-Beutel« eine Jacke packen sollte. Da ich fest an meinen Plan mit der Hawaii-Quali geglaubt hatte, war das für mich kein Thema. Für diese Nachlässigkeit sollte ich in der letzten Runde bezahlen. Es war zwischenzeitlich stockduster und ich fror wie schon lange nicht mehr in meinem Leben. Immer wieder fing ich an zu wanken und mein Hintern tat mir von den unzähligen Dixi-Gängen extrem weh. Ich musste immer wieder gegen die Gedanken kämpfen, einfach aufzugeben. Ich hatte bisher noch nie ein DNF und das wollte ich auch nicht. Also schleppte ich mich vorbei an den Zuschauern, die wirklich alles gaben, um mich ins Ziel zu bringen. Ich versuchte die Stimmung wenigstens mit einem Lächeln zu beantworten, doch es gelang mir nur selten. Außer bei den drei Jungs, die hinter dem Uni-Viertel im Dunkeln mit ihrem Ghettoblaster saßen und mich bereits ab der ersten Runde lautstark begleiteten. Auch in der letzten Runde gaben sie noch mal Vollgas und redeten auf mich ein, dass ich es bis hierhin geschafft hatte und ich auf den letzten Metern war, um mir endlich die Medaille abholen zu können. Das war so motivierend, dass ich die letzten zwei Kilometer doch noch etwas laufen konnte, was mir die zehn Kilometer zuvor kaum mehr gelungen war. Kreidebleich und wankend überschritt ich die Ziellinie und war einfach dankbar für all die Menschen, die mich bis zu diesem Moment begleitet hatten. Die Fotos nach dem Rennen zeigten, wie sehr mich das Rennen gezeichnet hatte. Noch nie musste ich so sehr gegen die Gedanken des Aufgebens kämpfen und so starke Schmerzen im Wettkampf erleiden.

Zeiten
SWIM   –   1:08 Stunde
BIKE   –   6:11 Stunden
RUN   –   5:47 Stunden
Gesamt –   13:15 Stunden

Um mich herum hatte ich nun Burger, Pizza und vieles mehr, um meine Speicher wieder aufzufüllen, doch meine mangelnde Kraft machte es mir unmöglich, noch irgendetwas zu mir zu nehmen. Nachdem ich eine gute halbe Stunde mit Kälteschutzdecke auf dem Boden gesessen hatte, packte ich langsam alles zusammen, holte mein Rad ab und machte

107

mich auf den drei Kilometer langen Weg Richtung Hotel. Jeder Schritt war eine Qual und immer wieder musste ich mit meinem Gleichgewicht kämpfen. Das blieb nicht unbemerkt und eine der Helferinnen kam auf mich zu. Sie stellte sich als Rachel vor und fragte mich, wohin ich müsse. Ich nannte ihr mein Hotel und sie machte mir unmissverständlich klar, dass ich das niemals schaffen würde, so wie ich aussah. Sie setzte mich auf den Rasen, holte einen Polizisten, der auf mich aufpassen sollte, damit ich nicht beklaut werde und holte ihren Pick-up. Sie packte mein Rad hinten rauf und fuhr mich über eine wettkampfbedingte Umleitung zum Hotel. Dort angekommen, holte sie Personal, das mir auf den letzten Metern half. Während der Fahrt erzählte sie mir, dass sie bereits seit dem ersten Ironman in Port Elizabeth als Helferin dabei war. Ich war ihr unendlich dankbar und freute mich über so viel Hilfsbereitschaft. Mir war natürlich immer klar, dass es risikoreich war, allein so weit zu reisen, aber mein Traum war es in jeder Sekunde wert.

Die Tage nach dem Rennen war ich zu nichts mehr in der Lage. Eine Schande, in einem Land gewesen zu sein, dessen wahre Schönheit sich nie vor meinen Augen entfalten konnte, da ich mir vor allem die Tierwelt nicht angesehen hatte. Aber es ging einfach nicht. Ich war sowohl physisch als auch psychisch völlig am Ende und verbrachte die Tage bis zum Rückflug liegend auf der Seite oder dem Bauch im Bett. Ich konnte weder auf dem Rücken liegen noch vernünftig sitzen.

Aber erst der Rückflug sollte mir die Augen öffnen, welche Folgen der Wettkampf samt all seiner Umstände für mich hatte. Der Check-in lief noch recht unkompliziert. Obwohl

108

ich für den Flug von Port Elizabeth nach Johannesburg nur mit einer Billig-Airline (South African Express) unterwegs war, musste ich keinen Aufpreis für das Rad bezahlen. Als mein Blick nach draußen dann allerdings den Flieger erspähte, wurde es mir schon etwas mulmig. Es war eine kleine Maschine für gerade einmal 40 Passagiere. Der extrem starke Wind an dem Tag sollte uns und das Flugzeug noch ordentlich durchschütteln. Damit es dazu überhaupt kommen konnte, musste mein Radkoffer noch eingeladen werden. Ich konnte durch das Fenster beobachten, wie man mehrere Male ansetzte, um den Radkoffer einzuladen, es jedoch irgendwann aufgab und den Koffer erst mal beiseite rollte. Ich hatte nur noch darauf gewartet, dass mein Name aufgerufen würde und ich mir irgendetwas einfallen lassen müsste. Aber es kam anders: Beim Boarding des Flugzeugs gingen wir über das Vorfeld und ich konnte mit ansehen, wie der Radkoffer als letztes Gepäckstück eingeladen und die Luke verschlossen wurde. Der stürmische Wind war mir in diesem Moment egal und ich war beruhigt, dass ich mir um mein Gepäck vorerst keine Sorgen mehr machen musste. Kaum waren wir in der Luft, wurde es jedoch sehr holprig und heftig. Glücklicherweise war es lediglich eine Stunde Flug, jedoch sah ich in eine Menge angstverzerrter Gesichter. Außer mir waren nur noch zwei Erwachsene und eine große Schulklasse an Bord. Ich sah schon die Schlagzeile vor mir: »Flugzeug mit Schulklasse abgestürzt.« Beim erlösenden Anflug auf den Flughafen in Johannesburg kamen wir noch mal richtig ins Trudeln. Die Flügel der Maschine schwangen so stark auf und ab, dass nur noch wenige

Zentimeter zwischen rechtem Flügel und Landebahn fehlten. Glücklicherweise blieb uns sowohl dieses Szenario als auch ein Durchstarten der Maschine erspart.

Kreidebleich verließ ich die Maschine und stand noch etwas neben mir. Ich ging durch den Zoll für meinen nächsten Flug, bekam den Ausreisestempel und ging in Richtung Wartebereich. Plötzlich realisierte ich, dass ich einen Fehler gemacht hatte. Ich sollte in Johannesburg noch mal zum Schalter der nächsten Airline, um die Gepäckcodes einscannen zu lassen. Dies war jetzt allerdings nicht mehr möglich, da ich bereits offiziell ausgereist war und nicht mehr raus zum Schalter durfte. Da erblickte ich eine Mitarbeiterin der Airline, der ich alles schilderte. Jetzt wurde es auch auf ihrer Seite noch mal hektisch, da ich ihr alles mitgeben musste: Pass, Ticket und die beiden Gepäckcodes. Es dauerte über eine halbe Stunde, bis zwei Mitarbeiter zurückkamen und mir bestätigten, dass nun doch noch alles gut wird. Ich stand noch immer etwas neben mir, aber war spürbar erleichtert.

Beim Boarding des Flugs von Johannesburg nach Doha war meine Sorge vor Turbulenzen fast gänzlich in den Hintergrund gerückt, da die Maschine deutlich größer war und in größerer Höhe fliegen konnte. Kaum hatten wir unsere Reisehöhe erreicht, kam jedoch die Ansage aus dem Cockpit, die keiner hören wollte: »Es ist mit starken Turbulenzen für die gesamte Flugzeit zu rechnen und es gibt vorerst keinen Service.« Selbst das On-Board-Entertainment konnte mich kaum von dem ständigen Auf und Ab ablenken. Es dauerte auch nicht lange, bis man die Ersten hörte, die sich übergeben mussten. Zu diesem Zeitpunkt hatten wir gerade mal eine knappe Stunde von insgesamt acht hinter uns. Nach rund drei Stunden gab es ein kurzes Zeitfenster mit der Chance, etwas zu essen und zu trinken und schnell auf die Toilette zu gehen. Beim Versuch, meine Hose runterzuziehen, wurde es schwierig. Ich realisierte, was passiert war: Nach den unzähligen Toiletten-Stopps im Rennen war meine Haut so sehr in Mitleidenschaft gezogen, dass alles verkrustet war und ich bereits stark angefangen hatte zu bluten. Das war auch bereits an der Innenseite der Jeans deutlich sichtbar und auch schon in Ansätzen auf der Außenseite. Ich band mir meine Jacke um, um nicht den ganzen Sitz im Flieger einzusiffen und damit nicht jeder den großen roten Fleck an meiner hellblauen Jeans sehen konnte. Das war mir dermaßen unangenehm, dass mich dieser Gedanke die restlichen Stunden des Auf und Ab in der Maschine sehr gut ausblenden ließ. Dennoch war ich erleichtert, als es endlich in den Landeanflug auf den Wüstenstaat Katar ging.

Die Kombination aus Wüste und dem unnachgiebigen Wind führte zu einem ausgewachsenen Wüstensturm, der uns nicht ermöglichte, ans Gate zu fahren. Wir mussten auf dem Vorfeld in einen Bus steigen. Allein nach diesen paar Metern zum Bus hatte ich sämtliche Taschen voll mit Sand. Am Flughafen saßen etliche gestrandete Passagiere, deren Flüge aufgrund des Wetters abgesagt worden waren. Es war an diesem Wochenende ein globales Phänomen. Beim Warten auf den nächsten Flieger konnte ich einige Nachrichten dazu lesen.

Mir blieb ein verlängerter Aufenthalt am Flughafen jedoch erspart und ich konnte pünktlich mit dem letzten Flieger in Richtung Berlin starten. Der Wind war immer noch spürbar, aber nicht mehr so stark. Ein letztes Schmunzeln gab es dann am Flughafen Tegel am Gepäckband. Aus allen Gepäckstücken rieselte sichtbar der feine Wüstensand. Ich war heilfroh, diesen Rückflug hinter mir zu haben und nutzte die nächsten Wochen, um meine Wunden heilen zu lassen.

Finanziell betrachtet, war es das mit Abstand günstigste Rennen außerhalb Europas für mich, wenn man alle Kosten berücksichtigt. Am Ende lag ich mit Startgebühr, elf Tagen im 4-Sterne-Hotel mit Frühstück, Flug mit Qatar Airways und Kosten vor Ort bei ziemlich genau 2.000 Euro. Vor allem die für Ironman-Verhältnisse geringe Startgebühr von 330 Euro überraschte mich positiv.

Trotz all der Rückschläge dauerte es nicht mal einen Monat und ich war bereit für das nächste Abenteuer, meldete mich fürs Rennen und buchte Hotel und Flug. Ironman Neuseeland.

Die Saison beendete ich mit Freunden beim Ironman 70.3 in Zell am See in Österreich. Während die meisten von uns beim normalen Rennen am Samstag starteten, ging Christian am Sonntag bei der WM an den Start. Ein cooler Trip mit Wahnsinnswetter und Österreich von seiner schönsten Seite. Das Rennen lief mit einer Zielzeit von etwas über fünf Stunden durchwachsen, aber hier stand klar der Spaß im Vordergrund.

KAPITEL 8

IRONMAN NEW ZEALAND 2016

Ich sah für mich keine Chance mehr, das Zimmer auf Hawaii als Starter zu ergattern und fokussierte mich auf einen neuen Versuch für die Saison 2016. Das Training über den Winter machte mir trotz des Rollen-Trainings Spaß und deshalb entschied ich mich erneut für ein frühes Rennen. Diesmal in Neuseeland.

Das gezielte Training begann wieder einmal sehr früh. Nach einer kurzen Saisonpause startete ich Mitte September die Vorbereitung mit verändertem Trainingsaufbau durch meinen Trainer Robert. Er kannte mich schon viele Jahre und wusste, dass ich einen enormen Aufwand betreiben müsste, um beim Schwimmen noch mal einen größeren Sprung zu machen. Aus diesem Grund entschied er sich dafür, mir nur noch zwei wöchentliche Schwimm-Einheiten zu planen und lediglich einen größeren Schwimmblock kurz vor dem Rennen. Dadurch wurde Platz geschaffen für eine weitere Radeinheit unter der Woche. Für mich war das Schwimmtraining eh das unbeliebteste, von daher spielte diese Veränderung mir voll in die Karten.

Das Training verlief bis Dezember optimal. Beim alljährlichen Silvesterlauf im Plänterwald konnte ich auch eine neue persönliche Bestzeit über zehn Kilometer aufstellen (36:22 Minuten), sodass ich voll motiviert am nächsten Morgen bei unserer nächsten Tradition auf der Matte stand, dem Neujahrscross. Bei -10 °C war es leider nicht die beste Idee, aufs Rad zu steigen. Etwas übermotiviert wollte ich mir selbst meine »Crosser-Skills« beweisen und sprang immer wieder bei Hindernissen vom Rad, um danach mehr oder weniger gekonnt wieder aufs Rad aufzuspringen. An einem großen Ast lief es plötzlich schief und mein Knie küsste den Boden. Noch voller Adrenalin fuhr ich erst mal weiter und hatte den Vorfall schnell abgehakt. Kurze Zeit später musste ich jedoch feststellen, dass der Sturz nicht ohne Folgen geblieben war. Ein stechender Schmerz war in meinem linken Knie zu spüren, aber ich biss auf die Zähne, um weiterzufahren, statt mein Hirn einzuschalten und irgendwie auf schnellstem Weg schmerzfrei nach Hause zu kommen. Ich beendete zusammen mit den anderen die Runde und fuhr nach Hause. In meiner Wohnung bemerkte ich erst mal nur einen leichten Schmerz. Keine Stunde später war der Schmerz so schlimm, dass ich nur noch mit starkem Humpeln laufen konnte. Ich war für den Nachmittag allerdings noch für einen langen 20er Lauf verabredet. Als wäre ich zu taub, um die Schreie meines Körpers zu hören, zog ich meine Laufschuhe an und machte mich auf den Weg. 25 Kilometer später hatte ich schlussendlich begriffen, dass ich wirklich alles falsch gemacht hatte und somit auch meinen Start in Neuseeland aufs Spiel gesetzt hatte.

Die Verletzung war nichts für »Standard-08/15-Kassen-Orthopädie«, denn es musste schnell gehen und ich brauchte sofort die richtige Hilfe. Dank Flo hatte ich einen Kontakt zu einem sehr guten Osteopathen vermittelt bekommen. In fünf Sitzungen hat er mich so fit bekommen, dass ich in der letzten Januarwoche sogar noch ins Trainingslager nach Fuerteventura ins Las Playitas fliegen konnte. Ich flog zwar allein, aber traf schon am Flughafen und auch vor Ort auf ein paar Weggefährten der vergangenen Jahre. Die ersten Tage musste ich noch mit angezogener Handbremse trainieren, aber ich merkte von Tag zu Tag die Verbesserung. An den letzten beiden Tagen konnte ich wieder voll reinhalten und so konnte ich noch mal eine schöne, lange und auch zügige Ausfahrt mit Ingo und ein paar aus dem Team Erdinger unternehmen. Auch Nils Frommhold war dabei, dem ich auf diesem Weg noch mal für seine Mail zum Rennen in Südafrika danken konnte.

In den nächsten Wochen befolgte ich diszipliniert meinen Plan und ließ lieber eine Einheit weg, statt es zu übertreiben. Ein hartes Schwimmtrainingslager sorgte noch mal für eine sehr gute schwimmerische Grundlage, die in den restlichen Wocheneinheiten weiter verfeinert wurde.

Ende Februar war es endlich so weit. Über meinen Lieblingsstopp in Doha ging es über das australische Perth weiter nach Auckland, auf die Nordinsel Neuseelands. Da eigentlich keinerlei Lebensmittel eingeführt werden dürfen, hatte ich meine Gels und Riegel deklariert, die beim »Bioscreening« auch entdeckt, aber durchgewunken wurden. Ich hatte mittlerweile gute 29 Stunden Reise hinter und noch weitere drei Stunden Autofahrt im Mietwagen mit Linksverkehr vor mir. Ich wundere mich immer noch, dass man mir einfach die Schlüssel in die Hand drückte, obwohl ich aussah, als hätte ich tagelang nicht geschlafen. Eigentlich hätte ich mich noch bei der Mietwagenfirma bedanken müssen, da man mir im Dezember noch eine Erinnerung geschickt

115

hatte, dass ich den internationalen Führerschein nicht vergessen dürfe. Das hatte ich im Zuge meiner Recherche zum Land irgendwie überlesen.

Die Fahrt war lang, aber die Straßen leer und so konnte ich mit ein paar Stopps endlich mein Ziel erreichen – die Stadt Taupo. Der Moment, in dem ich über eine Kuppe fuhr und plötzlich einen phänomenalen Blick über den Lake Taupo hatte, bleibt unvergesslich. Es war nur noch ein guter Kilometer bis zu meinem Hotel, das direkt am See lag. Strategisch optimal, da alles auf kurzem Wege erreicht werden konnte. Und als man mich in Empfang nahm, gab es erneut direkt ein Upgrade, diesmal auf ein 3-Mann-Zimmer, damit ich ausreichend Platz für mein ganzes Equipment hatte. Ich schaffte es irgendwie, den Tag zu überstehen und hatte am nächsten Tag keinerlei Jetlag, und das trotz zwölf Stunden Zeitverschiebung.

Die weiteren Tage bestanden wie immer aus Trainingseinheiten auf den Wettkampfstrecken. Das Schwimmen konnte ich zusammen mit Mareen bestreiten, die ich im letzten Trainingslager auf Fuerteventura kennengelernt hatte und die ein starkes Rennen bei den Profis haben sollte. Vor dem ersten Training ist man jedoch verpflichtet, seinen Neoprenanzug beim sogenannten »Dip-in« in eine Lösung zu tauchen, um eventuelle Mikrokulturen, die das Ökosystem des Sees stören könnten, zu beseitigen. Die Radstrecke war mehr oder weniger eine einfache Wendepunktstrecke und überraschend unspektakulär. Nahezu alle Orte, die ich auf dieser tollen Insel sehen durfte, hatten mehr zu bieten. Trotzdem ist die Strecke allemal sehenswert, dazu windanfällig und mit größtenteils sehr rauem Asphalt ausgestattet.

Die Steigungen waren überschaubar. Ebenjene waren jedoch auf der Laufstrecke in Hülle und Fülle vorhanden. Vor allem der hintere Teil der Runde war schon echt fies, da die Rampen richtig steil waren. Aber ich hatte gut trainiert und war optimistisch.

Ein absolutes Highlight war die Eröffnungsfeier. Mit der traditionellen Haka und weiteren Tänzen wurde die Veranstaltung spektakulär eröffnet. Zum ersten Mal konnte ich Gebrauch vom AWA-Status (»All World Athlete«) machen und an der langen Schlange vorbeigehen, um als einer der Ersten den Saal zu betreten. Ich war völlig begeistert von der Show. Nach der Abholung der Unterlagen und den üblichen Vorbereitungen ging es am Tag des Check-ins noch mal kurz aufs Rad, um lockere 25 Kilometer zu fahren. Aber es kam anders. Zwei Kilometer vor meinem Hotel musste ich einem anderen Radfahrer ausweichen, der plötzlich einen Schlenker machte, als ich zum Überholen angesetzt hatte. Dadurch kam ich mit meinem Hinterrad in ein Schlagloch und merkte sofort, dass ich einen Platten hatte. Ich musste absteigen und schieben. Ich war weiterhin auf Schlauchreifen unterwegs und meinen Ersatzreifen wollte ich, wenn überhaupt, »kontrolliert« im Hotel aufziehen. Da ich den Reifen aber doch noch lieber professionell aufgezogen bekommen wollte, machte ich mich schnell mit dem Auto wieder auf Richtung Ironman-Expo. In einer Nebenstraße gab es drei Fahrradläden. Ich war mir sicher, hier Hilfe zu bekommen, aber keiner der Läden wollte mir einen Schlauchreifen aufziehen, da nicht mehr genug Zeit zum Durchtrocknen des Klebers geblieben wäre. Meine letzte Hoffnung war die Expo selbst. Ich traf auf einen völlig übermüdeten, aber sehr freundlichen Fahrradmechaniker beim Bike-Support. 150 Euro und drei Stunden später konnte ich meine frisch bereifte Scheibe wieder abholen und somit mein Rad doch noch als einer der letzten einchecken. Die Nacht vor dem Renntag konnte ich super schlafen. Ich wurde ein paar Minuten vor dem Weckerklingeln wach und hatte ein wirklich gutes Gefühl. Nach einem kurzen Frühstück machte ich mich zu Fuß auf den knapp zwei Kilometer langen Weg zur Wechselzone. In meinen Ohren schallte Papa Roach , um mich in Fahrt zu bringen. Es war einfach ein schöner Morgen und ich genoss meine gute Laune, die an Tagen wie diesen nicht immer selbstverständlich war. In der Wechselzone warf ich zuerst einen Blick auf die Scheibe, aber alles sah gut aus. Die Routine ging wieder los. Luft aufpumpen, Tacho, Schuhe, Trinkflaschen und Werkzeug ran und nur noch umziehen. Die Aufregung kam dann doch durch, aber es lief einfach rund. Ich wollte, dass es endlich losgeht, denn ich war in einer super Form.

Für den Massenstart musste man sich in eine gute Position schwimmen und deshalb war es umso wichtiger, rechtzeitig am Wasser zu sein. Vor dem Start gab es noch die Haka, die diesmal eher für die Fans bestimmt war, da ich diese nur noch erahnen konnte. Kaum hatte ich meine Position erreicht, ertönte schon der Startschuss. Die ersten 300 Meter zog ich voll durch, um frei schwimmen zu können und im Idealfall noch schnelle Füße zu erwischen. Und beides gelang mir. Die Intensität war genau in dem Bereich, in dem ich sie haben wollte. Nur einmal versuchte ich eine direktere Linie zu schwimmen als mein »Wasserschattengeber«, doch ich musste schnell feststellen, dass mein Vordermann

118

selbst dann schneller war, wenn er einen kleinen Bogen schwamm. Also biss ich die Zähne zusammen und sprintete wieder in seinen Wasserschatten. Bis auf die letzten 100 Meter konnte ich das Tempo halten. Das Wasser war sehr ruhig und schrie nach einer schnellen Zeit, die ich beim Ausstieg auch erblicken konnte und die mich regelrecht euphorisierte. 59 Minuten – noch nie war ich so schnell! Der perfekte Start in einen langen Tag.

Auf dem langen Weg in die Wechselzone nutzte ich die Chance, noch einige Athleten vor mir zu überholen. Trotz der Unannehmlichkeiten mit den Prügeleien fand ich es immer besser, in einem Massenstart-Rennen zu starten und somit immer zu wissen, welcher Athlet vor oder hinter einem war. Die Handgriffe beim Wechsel saßen: Neo aus, Gel reindrücken, Wechselbeutel abwerfen und weiter zum Rad. Auf den ersten Kilometern merkte ich, dass ich gute Beine hatte. Ich strebte eine Zeit von glatt fünf Stunden, also einen 36er Schnitt an. Auf den ersten 50 Kilometern konnte ich das Rennen nach meinen Vorstellungen fahren. Ich kannte die Strecke vom Training und wusste, was mich erwartet. Ich kam jedoch in ein Energiedefizit, was ich mir bis heute nicht richtig erklären kann. Somit musste ich für 20 Kilometer etwas Tempo rausnehmen, um nicht zu schnell leer zu sein. Trotz angezogener Handbremse gab es sogar einen kurzen Schreckmoment, als ich mein Visier, was lediglich mit Magneten am Helm befestigt war, verlor. Ich wollte allerdings nicht umdrehen oder stehen bleiben und ließ es liegen. Nach der kurzen »Erholungsphase« mit etwas geringerem Tempo ging es mir spürbar besser und ich drückte wieder mehr aufs Tempo. Nach dem Durchfahren von

119

Taupo beim Übergang von Runde 1 zu 2 wurde ich dann doch etwas übermütig und ließ mich von der Stimmung tragen. Ich wollte die verlorene Zeit wieder rausfahren und überzockte. Der Druck aufs Pedal wurde mit jeder Umdrehung weniger, aber ich war trotzdem motiviert, denn zum ersten Mal nach mehreren Jahren war ich in der Lage, mein Rennen selbst zu bestimmen und nicht nur auf äußere Umstände zu reagieren. Die Knieverletzung, die mich für einen Monat aus dem Radtraining genommen hatte, hatte sicherlich ein paar Körner für das Rennen gekostet, aber ich fühlte mich dennoch gut in Form. Wie immer wurde es hinten raus ziemlich zäh und mein Radsplit lag letztlich nur bei knapp unter 5:30 Stunden. Aber das war mir egal. Jetzt kam meine Paradedisziplin und meine Beine fühlten sich noch immer bereit für einen Marathon im flachen 3-Stunden-Bereich. Der Silvesterlauf mit neuer 10-Kilometer-Bestzeit war mir noch gut im Gedächtnis und motivierte mich für die abschließenden drei Runden.

Die Zuschauer waren wie so oft beflügelnd und ich ging ein Tempo von knapp über vier Minuten pro Kilometer an. Die Strecke erschien mir bei meiner Recherche vor der Anmeldung auf dem Streckenplan recht flach, doch wusste ich vom Training, dass es ein nicht unerhebliches Auf und Ab gab. Dieses zog mir langsam, aber spürbar den Stecker. Vor allem im Bereich des Wendepunktes wurde es zäh. Ich realisierte, ich würde mein Tempo reduzieren müssen, um hinten raus nicht völlig zu platzen. Wie auch schon bei anderen Rennen hatte ich ein paar Zuschauer ausmachen können, die mich besonders stark anfeuerten und einfach genau das riefen, was ich in dem Moment brauchte. Ich freute mich dadurch auch immer auf ebenjene Bereiche, was die Strecke gefühlt etwas verkürzte. Die ersten beiden Runden liefen ansonsten relativ solide, wobei das Tempo leider hinter meinen Vorstellungen blieb. In Runde 3 musste ich dann doch zwei Mal gehen. Erst als mich ein Pärchen noch mal richtig angebrüllt hatte, kam ich noch mal in Schwung, um die letzten drei Kilometer bis zur Ziellinie anzugehen. Und dann kam er: der bis dahin mit Abstand schönste Finish-Moment. Am Abzweig zwischen Wendepunkt beim Laufen und Zieleinlauf konnte ich endlich das Ziel ansteuern. Ich lief über eine der Zeitnahmeschleifen und konnte den Sprecher Mike Reilly hören, wie er bereits begann, mich anzukündigen. Ich bekam eine Gänsehaut bei den Worten »all the way from Germany«, denn weder vor noch hinter mir war ein Mitstreiter zu sehen. Auch wenn mir klar war, dass ich die Hawaii-Quali keinesfalls geschafft hatte, war ich doch überglücklich, als ich die Ziellinie passierte. Es war ein selbstbestimmtes Rennen und das ließ mich einfach strahlen. Mit guten Gesprächen genoss ich den Moment im Zielbereich und war froh über das Geschaffte.

Zeiten
SWIM   –   0:59 Stunden
BIKE   –   5:28 Stunden
RUN   –   3:56 Stunden
Gesamt –   10:32 Stunden

Einen weiteren sehr schönen Moment hatte ich allerdings nach dem Rennen beim Blick auf mein Handy. Meine Trainingsgruppe hatte sich im Wechsel die Nacht um die Ohren geschlagen, um mein Rennen zu verfolgen. Das geht mir noch bis heute nah.

Die Tage nach dem Rennen nutzte ich ausgiebig, um dieses tolle Land zu erkunden. Ich hatte aus meinem Fehler in Südafrika gelernt und genoss die Welt, die sich meinen Augen bot. Einfach faszinierend und unvergesslich. Der Rückflug bot mir mit einem zufälligen Upgrade in die Business-Class auf dem Flug von Doha nach Berlin einen tollen Abschluss.

Nach mittlerweile mehreren gescheiterten Versuchen und vielen Jahren harten Trainings mit einer Menge Entbehrungen kam für mich immer mal wieder die Frage auf, ob ich es mit der Lotterie versuchen sollte. Die große Lotterie, um einen Slot für Hawaii zu bekommen, wurde bereits Jahre zuvor nach einem Gerichtsurteil in den USA eingestellt. Zwischenzeitlich hatte Ironman aber einen anderen Weg gefunden, diese neu aufleben zu lassen. Nun standen aber nur noch zehn Slots weltweit zur Verfügung, was die Chancen weiter reduzierte. Wobei diese Frage für mich zweitrangig war. Viel wichtiger war mir, ob ich damit glücklich werden könnte. Könnte ich dieses Kapitel tatsächlich schließen, wenn ich auf diesem Weg nach Hawaii kommen würde? Ich entschied mich vorerst dagegen.

Ich wusste, ich war in diesem Jahr in einer bestechenden Form und plante noch ein Rennen im September im englischen Weymouth. Eine Erstaustragung, bei der ich nicht viel recherchieren konnte. Genau das machte mir aber Mut und ich sah das eher als Vorteil.

KAPITEL 9
IRONMAN 70.3 GDYNIA 2016

In Vorbereitung für den nächsten Quali-Versuch gab es unter anderem mit Christian und Flo noch einen Abstecher zum Ironman 70.3 Gdynia in Polen. Es war ein letzter Formtest vor dem Rennen in England, aber vor allem eine Möglichkeit, mit Freunden zusammen zu starten. Seit Langem mal wieder ein Rennen, bei dem ich das ganze Drumherum nicht selbst durchdenken und planen musste, sondern mich mehr oder weniger ins gemachte Nest setzen konnte.

Mein geliebtes Argon E-112 hatte zwischenzeitlich einen Riss im Tretlager erlitten, also trennte ich mich schweren Herzens, um ein Argon E-118 Next freudestrahlend in Empfang zu nehmen. Durch Dura-Ace-Di2 und Berner-Schaltkäfig gab es keine Möglichkeit, Schwierigkeiten aufs Material zu schieben. Da der Umbau erst einen Tag vor der Abreise fertig war, gab es zwar keine Möglichkeit, noch mal zu testen, aber ich hatte richtig Bock darauf, das Rad endlich in Aktion zu erleben.

Nach einer sehr langen Anreise im Auto kamen wir an einem Freitagabend im strömenden Regen im polnischen Gdynia an. Die ersten aus unserer Gruppe waren bereits vor Ort und so mussten wir nur noch schnell alle Räder und das Gepäck entladen und konnten den Abend beim Essen ausklingen lassen. Am nächsten Morgen stand ein letztes Testschwimmen mit anschließender Abholung der Startunterlagen an. Am Strand erkannte ich wieder einmal bekannte Gesichter, sei es von Facebook-Posts oder von Rennen der letzten Jahre. Mit unseren Startunterlagen im Gepäck ging es zu Fuß zurück zu unserem Apartment, um noch eine kurze Rad- und Laufeinheit als Vorbereitung einzulegen. Das Rad war einfach perfekt. Es rollte einfach.

Nach einem kurzen Nickerchen stand noch das Bekleben der Räder und die Vorbereitung der Lauf- und Radbeutel an. Danach ging es wieder in Richtung Schwimmstart zurück, um die Räder einzuchecken. Da sich vier von uns nahezu zeitgleich angemeldet hatten, standen wir auch tatsächlich alle nebeneinander. Wie so oft ließ mich der Anblick lauter durchtrainierter Athleten an mir selbst zweifeln, da ich nie der optisch athletische Typ war.

Ich hatte versucht, meine Gedanken in eine andere Richtung zu lenken, denn das Rennen war für mich eher »just for fun«. Ich hatte nicht mal einen Ersatz-Schlauchreifen dabei. Wir gönnten uns vor Ort noch eine polnische Spezialität, die sogenannten »goffry« (Waffeln mit einem riesigen Berg Sahne obendrauf). Wieder zurück in unserem Apartment hatten die Daheimgebliebenen bereits das Abendessen vorbereitet, wobei jeder im Vorfeld individuelle Wünsche äußern durfte. Das war schon echter Luxus für mich.

Die Nacht vor dem Rennen war dann doch eher unruhig und ich war der Erste aus unserer Gruppe, der mit seinen Morgenritualen begann. Mit Kopfhörern in den Ohren ging es allein für mich Richtung Start. Ich war einfach immer viel entspannter, wenn ich mehr als genug Zeit zum Vorbereiten hatte. Ich musste auf dem Weg auch immer wieder an meine bisherigen Mitteldistanz-Rennen denken. Ich hatte zwar bereits die ITU-Langdistanz und sechs Ironman in den Beinen, aber nur drei Mitteldistanzen. Mein schlechtes Rennen im Spreewald 2008 wurde noch durch mein grottenschlechtes Rennen 2013 in Moritzburg getoppt. Das Rennen in Zell am See war auch nicht berauschend. Die Vorzeichen waren also nicht die besten für das bevorstehende Rennen. Für mich ging es erst in der vierten Welle los. Somit konnte ich all meine Vorbereitungen ganz entspannt und ohne Schlange stehen erledigen. Ein extrem seltenes Glück. Pünktlich zur Öffnung des Vorstartbereichs war ich bereit und positionierte mich optimistisch unter den ersten zehn Athleten an der Startlinie. Nicht ganz so clever war jedoch, dass ich mich mittig hingestellt hatte, denn kaum war der Startschuss zu hören, gab es von links und rechts Arme und Beine zu spüren. Ich hielt dagegen und konnte mir eine gute Position erschwimmen. Bis zur ersten Boje, an der man abbiegen musste, hatte ich mich relativ weit vorn halten können und auch ein sehr gutes Gefühl. Nach dem Linksknick war allerdings der Wellengang doch weit stärker als vom Ufer aus erkennbar. Dazu kamen die letzten aus der zehn Minuten zuvor gestarteten Welle, die überholt werden mussten. Ich verlor noch ein paar Plätze, aber war beim Ausstieg immer noch vorn dabei. Wie weit vorn, wusste ich allerdings durch die »Rolling-Start-Regelung« nicht.

Der Wechsel verlief problemlos und ich kam gut aufs Rad. Die ersten paar hundert Meter waren jedoch mit grobem Kopfsteinpflaster gespickt, sodass meine Flasche am Lenker

125

sich kurzerhand verabschiedete. Glücklicherweise war die für mich wichtigere Flasche, voll mit Gels, auch nach dem Kopfsteinpflaster noch fest im Flaschenhalter am Rahmen. Auf dem Stück raus aus der Stadt ging das Überholen der Wellen vor mir ununterbrochen weiter. Auf der einen Seite motivierend, auf der anderen Seite nervig, da ich nie wusste, was für verrückte Manöver die vor einem Fahrenden veranstalteten, wenn sie selbst zum Überholen ansetzten. Außerdem verlor ich jegliches Gefühl für meine Platzierung. Leider kamen erwartungsgemäß noch ein paar »Radmonster« von hinten, die sich an mir vorbeischlichen. Ich blieb fokussiert und schielte immer wieder auf meinen Garmin, um den angepeilten Wattschnitt zu halten und weder zu überpacen noch zu sehr zu trödeln. Der Radkurs war recht wellig und bei einer starken Brise wie an diesem Tag auch sehr windanfällig. Das letzte Drittel der Strecke mit Rückenwind war dafür umso besser, denn hier gab es auch die raren Abschnitte mit gutem Asphalt. Auf den letzten 15 Kilometern hatte ich dann eine Gruppe mit vier anderen zusammen, wobei alle bis auf den hinter mir auch sauber gefahren sind und keine »Lutscher« waren.

Ich überholte die drei vor mir beim Absprung vom Rad und hatte einen sehr schnellen zweiten Wechsel. Neu war für mich, dass dieser nicht überdacht und somit im Freien war. Kurz ein Gel reingedrückt, drei weitere hinten ins Oberteil und dann ging es auch schon los. Ich merkte schon nach den ersten Schritten, dass ich an diesem Tag richtig gute Beine hatte und somit auch die Hoffnung, endlich mal meine Stärke ausspielen zu können. Ich hatte auch selten so viele Zuschauer an der Strecke erlebt, was mich immer noch mal

126

ein gutes Stück schneller machte. Die Strecke war außerdem leicht wellig, was mir an diesem Tag irgendwie zusätzlich noch entgegenkam. Es waren drei Runden zu bewältigen und von Runde zu Runde schob ich mich einen Platz nach dem anderen weiter nach vorn. Ich hatte mir vorher festgelegt, bei welchem Kilometer ein Gel zu nehmen ist und das konnte ich auch diszipliniert umsetzen. Es war so befreiend, ohne den mir selbst gemachten Druck der Hawaii-Quali laufen zu können. Ich überholte Flo und Christian, die im Rennen aber beide vor mir blieben und beide feuerten mich an. Besonders motivierend waren auch unsere mitgereisten Supporter. Ich konnte das Tempo nahezu den kompletten Halbmarathon halten. In der letzten Runde schielte ich auf eine Uhr an einem der Gebäude. Ich wusste, wann ich gestartet war und rechnete kurz hoch. Es war ein Schock, wie schnell ich scheinbar unterwegs war. Es war ein Rennen, das ich nur aus Spaß mitgemacht hatte und es machte mir bewusst, welches Potenzial noch in mir steckte. Ich war zu keinem Zeitpunkt am Limit. Auf dem letzten Kilometer konnte ich noch mal eine Schippe drauflegen und noch zwei weitere Athleten aus meiner Welle überholen.

Beim Abbiegen auf die Ziellinie konnte ich den Emotionen freien Lauf lassen. Ich war einfach überglücklich über den Rennverlauf. Ich fühlte mich selbst nach dem Ziel immer noch richtig gut und fit. Es war mein bisher bestes Rennen.

Als es Richtung »Chillout-Zone« im Zielbereich ging, bemerkte ich, wie wenig Athleten dort saßen. Hier kam mir zum ersten Mal der Gedanke, dass ich offensichtlich auch bei der Platzierung ziemlich weit vorn sein musste. In einem der Zelte konnte man seine Startnummer scannen und bekam sofort das Ergebnis: Platz 8 in der Altersklasse. Da es mit 560 Athleten auch die vollste Altersklasse war, kam Hoffnung auf, dass ich mit etwas Glück einen Slot für die Ironman-70.3-WM in Chattanooga bekommen könnte. Christian und Flo saßen bereits im Zielbereich und wir ließen das Rennen Revue passieren. Christian erreichte Platz 2 in seiner Altersklasse und somit die direkte Quali. Bei Flo lief es bei den Profis nicht wie geplant, da die Konkurrenz nicht sauber gefahren war und er seine Stärke auf dem Rad nicht ausspielen konnte. Verena, auch aus unserer Gruppe, erreichte Platz 4 in ihrer Altersklasse. Es war ein zum Großteil rundum gelungenes Wochenende.

Zeiten
SWIM   –   0:31 Stunden
BIKE   –   2:34 Stunden
RUN   –   1:24 Stunde
Gesamt –   4:35 Stunden

Ein paar Stunden später ging es für uns zur Siegerehrung und zur Slotvergabe. Christian hatte seinen Slot sicher und nahm diesen auch an. Bei mir gab es fünf Slots und vor allem bei den ersten paar Altersklassen hatte niemand verzichtet. Ich wurde dann doch ziemlich nervös, aber am Ende hatte ich das nötige Glück, da vier Athleten verzichtet hatten. Ich nahm das Ticket für Chattanooga. Einen besseren Test für das Rennen in Weymouth hätte ich mir nicht vorstellen können!

KAPITEL 10
IRONMAN WEYMOUTH 2016

In den Wochen nach dem Rennen in Polen wollte ich um jeden Preis die Form halten. Ich hatte die bereits harten Trainingseinheiten noch mal verschärft, da ich im Rennen noch nicht am Limit war. Am Ende eines dreitägigen extrem harten Trainingsblocks verspürte ich Schmerzen im Knie beim abschließenden 25-Kilometer-Lauf. Statt bei den ersten klaren Anzeichen abzubrechen, lief ich, wie so oft in der Vergangenheit, die 25 Kilometer komplett durch. Und das, obwohl es gerade einmal zwei Wochen bis zum Rennen waren. Offensichtlich war das Programm dann doch eine Spur zu knackig. Das Rennen abzusagen war für mich jedoch keine Option. Ich begab mich nochmals in die Hände meines Osteopathen und hoffte auf ein kleines Wunder.

Nach meiner Ankunft in London Heathrow ging es mit dem Mietwagen Richtung Weymouth. Das Hotel lag strategisch perfekt genau zwischen Wechselzone und Startunterlagenausgabe. Im Übrigen war es äußerst schwierig, ein Hotel mit eigenem Badezimmer zu finden. Ich denke, das ist für die meisten Athleten ein absolutes Muss.

Die umliegenden Straßen waren nicht wirklich für das Training mit dem Rad geeignet. Vor allem durch die Enge war es gefährlich, da die Autofahrer nicht immer verständnisvoll waren und dadurch zum Teil sehr knapp überholten. Nichtsdestotrotz konnte ich mir eine Sehenswürdigkeit nicht entgehen lassen, auf die ich bei meiner Recherche im Vorfeld immer wieder gestoßen war: Eine Steinskulptur der olympischen Ringe, die zu den Olympischen Spielen 2012 aufgestellt wurde. Diese fanden zwar in London statt, allerdings wurden die Segelrennen an der Küste von Weymouth ausgetragen. Die letzten Meter waren eine ordentliche Rampe und mit der Übersetzung am Zeitfahrrad eine noch größere Herausforderung. Als ich oben ein paar Fotos machte, sprachen mich ein paar andere Athleten an, die extra auf das Rad wegen der Rampe verzichtet hatten. In diesem Moment fühlte ich mich schon ein Stück geschmeichelt.

Beim Racebriefing betonte Mr Paul Kaye noch mal, was ich bei den wenigen Kilometern Richtung olympische Ringe bereits gemerkt hatte: »Es gibt nur wenige flache Passagen in England und das sind die Start- und Landebahnen der Flughäfen.« Ich warf einen Blick in die Runde, um mir meine Mitstreiter anzusehen. Auch wenn man rein vom Optischen nur selten abschätzen kann, was der Einzelne draufhat, war ich beim Spekulieren immer ganz vorn dabei. Trotz der Ablenkung drehten sich meine Gedanken aber um mein zu diesem Zeitpunkt größtes Problem, mein Knie. Würde es halten? Habe ich eine Chance, die Quali zu schaffen? Wie schlimm würde der Trainingsausfall sein, der in den Tagen danach notwendig sein würde? Aber vor allem, warum hatte zum wiederholten Mal mein Verstand ausgesetzt? Warum hatte ich das Training nicht einfach abgebrochen? Eine morgendliche Trainingseinheit im sehr kalten Ärmelkanal machte aber Hoffnung, denn mein Wassergefühl war gut und ich somit auch motiviert, es am Renntag krachen zu lassen. An diesem Morgen war ich komplett allein, denn die meisten nutzten die wärmeren späteren Stunden für das Training. Keine clevere Entscheidung, völlig allein ins offene Wasser zu gehen, ohne jemandem Bescheid zu geben.

Das Hotel war zwischenzeitlich voll mit Athleten und Ironman-Personal, sodass man diesem allgegenwärtigen Thema nicht mehr aus dem Weg gehen konnte, selbst wenn man den Kopf mal ausschalten wollte. Für mich ging es um nicht weniger als um die Erfüllung eines Lebenstraumes. Neu war jedoch, dass zwar bei der gleichzeitig stattfindenden Mitteldistanz Profis dabei waren, bei meinem Rennen jedoch nicht.

Der Rennmorgen an jenem schicksalsträchtigen 11. September begann um 3:45 Uhr. Das Rad wurde wie immer am Vortag eingecheckt. Routiniert füllte ich die Trinkflaschen und aß eine Kleinigkeit. Mein Appetit war morgens ohnehin nie groß, aber am Renntag muss ich mich wirklich bemühen, um überhaupt etwas runterzubekommen. Dank der optimalen Lage des Hotels war der Weg zur Wechselzone entspannt zu Fuß machbar. Ich war überrascht von der Menge der Athleten, die ich mir durch die parallel stattfindenden Wettkämpfe erklären konnte. Dies hatte jedoch auch einen großen Nachteil. Die aufgebaute Infrastruktur war für diese Massen nicht wirklich ausgelegt. Ein simpler Abstecher zur Toilette hatte bereits einen großen Einfluss auf meinen Renntag. Nachdem ich die Luft aufgepumpt und alles am Rad installiert hatte, wollte ich einfach nur noch mal kurz auf die Toilette, um mich dann noch mal ein bisschen zu sammeln. Als ich an den Dixis ankam, war ich sprachlos von der nicht enden wollenden Schlange. Meine Rückfrage bei den Helfern ergab, dass es keine Alternativen gab. Aufgrund der völlig unterdimensionierten Menge an Dixis stand ich über eine Stunde, bis ich drankam. Dies wäre nicht weiter schlimm gewesen, wenn ich noch zwei Stunden gehabt hätte. Beim Warten in der Schlange musste ich bereits den Neo bis zur Hüfte anziehen und mich mit Vaseline einschmieren. Als ich endlich dran war, hörte ich, wie die letzten Minuten ausgerufen und alle zum Start aufgefordert wurden. Man konnte sich entsprechend seiner erwarteten Schwimmzeit an die Startlinie stellen und ich wollte auf keinen Fall ganz hinten stehen, um nicht unnötig viele Athleten überholen zu müssen. Nachdem ich das unumgängliche Geschäft erledigt hatte, lief ich schnell in Richtung Lkw, um meinen Beutel mit der Straßenkleidung abzugeben. Dabei versuchte ich den Neo anzuziehen und lief weiter Richtung Start. Der Startbereich war eingezäunt und ich hätte es nie geschafft, mich von hinten nach vorn durchzuquetschen. Also kletterte ich zum Unmut meiner Mitstreiter über den Zaun und quetschte mich in den Bereich, der für Athleten mit einer Schwimmzeit von einer Stunde vorgesehen war. Ich war guter Dinge, meine Zeit aus Neuseeland im Wasser zu wiederholen. Kaum war ich angekommen, kam auch schon das Startsignal. Ich war immer noch voll im Stress und hatte keine Zeit zum Durchatmen.

Nach den Erfahrungen mit dem Wasserschatten wollte ich diesen Vorteil erneut nutzen. Nach gut fünf Minuten mit viel Prügeln war ich in einer Gruppe mit drei anderen Athleten. Der Wasserschatten war gut und das Tempo fühlte sich auch danach an. Wir blieben die gesamte Runde zusammen und ich konnte wichtige Kräfte sparen. Ich hatte die Rechnung allerdings ohne das Format des Tages gemacht. Durch den Stress mit dem Dixi geriet bei mir völlig in Vergessenheit, dass die Mitteldistanz-Starter ja nur eine Runde schwimmen würden. Und so kam es, wie es kommen musste: Als einziger unserer 4-Mann-Gruppe taumelte ich über den schmerzhaften Kies in die zweite Runde. Der nächste Athlet vor mir hatte gut 30 Meter Vorsprung. Ich biss die Zähne zusammen und versuchte ihn zu erreichen, aber ich merkte, dass mich der Versuch zu viele Kräfte kosten würde, weshalb ich etwas Tempo rausnahm. Ich hatte keinerlei Gefühl für mein Tempo und so schwamm ich die zweite Runde ganze sechs Minuten langsamer und komplett allein. Am Ende der zweiten Runde kam ich sogar in die Situation, noch Athleten der Mitteldistanz zu überholen, die deutlich nach mir ins Wasser sind. Die erste Runde blieb mit 31 Minuten leicht hinter meinen Erwartungen. Ich hatte mich einfach zu sehr auf das Tempo der Gruppe verlassen und bekam die Quittung dafür. Nach 1:07 Stunde verließ ich letztlich das Wasser, um mich auf den welligen Radkurs zu begeben.

Beim Wechsel nahm ich mir etwas mehr Zeit, um mich trocken zu rubbeln, da es doch noch sehr frisch war. Zumindest war das Thema Sonnenbrand hier zu vernachlässigen. Auch und vor allem dadurch, dass ich nur noch mit bedeckten Schultern startete. Wie auch in Polen und Neuseeland bin ich im Zweiteiler mit enganliegendem Sportunterhemd gestartet, wobei das Unterhemd die Schultern bedeckt hatte.

Die ersten Kilometer auf dem Rad waren noch ziemlich kalt und meine Muskulatur wollte noch nicht die Leistung abliefern, die ich forderte. Noch nie hatte ich ein Jahr mit so vielen und intensiven Trainingskilometern, vor allem auf dem Rad, was ich nach wie vor als meine größte Schwäche gesehen hatte. Zum Start in Weymouth hatte ich in dieser Saison rund 9.700 Trainings- und Wettkampfkilometer allein auf dem Rad in den Beinen. Doch hatte ich nicht nur die Quantität, sondern vor allem die Qualität gesteigert. Und an diesem Tag wollte ich mir beweisen, dass ich es schaffen konnte, mein Potenzial auch auf der Langdistanz voll zu entfalten.

Die Strecke ließ mich nicht wirklich in einen Rhythmus reinkommen. Meinen Kontrahenten schien es größtenteils nicht anders zu gehen. Auf den ersten 20 Kilometern wurde ich nur von einer Handvoll Athleten überholt, wodurch mir klar war, dass heute was gehen konnte. Glücklicherweise funktionierte mein Tacho samt Wattmessung einwandfrei, denn ich hatte mir eine Vorgabe von 220 Watt gesetzt. Die Strecke selbst war mit schlechtem Asphalt und teilweise noch mit nassem Laub versehen. Man musste immer wachsam bleiben, da auch nicht alle Autofahrer die Absperrungen akzeptierten, sodass es an einer der engsten Stellen, an der es auch einen Wendepunkt gab, dazu kam, dass zwei Autos mitten im Feld fuhren und niemand mehr überholen konnte. Das Feld der langsameren Mitteldistanz-Athleten machte das Überholen nicht nur häufiger, sondern auch deutlich riskanter. In einer kleinen Abfahrt musste ich einem ausschwenkenden Athleten ausweichen und fuhr in ein Schlagloch. In diesem Moment verabschiedete sich mein

Tacho und damit auch die Kontrolle meiner Werte. Beim Blick zur Seite sah ich nur noch, wie er in Richtung eines kleinen Abhangs rutschte. Bremsen wäre in dieser Situation viel zu gefährlich für mich und andere Athleten gewesen, also fuhr ich weiter. Ich ärgerte mich, aber war froh, dass mein Knie hielt. Doch zu früh gefreut. Keine fünf Kilometer später und in einem völlig unscheinbaren Moment schoss ein stechender Schmerz in mein Knie. Mir war sofort klar, dass ich das nie durchstehen könnte, denn es lagen noch 130 Kilometer vor mir und ich wollte mir nicht endgültig das Aus für den Sport bescheren. Ich nahm deutlich an Tempo raus und nach und nach überholten mich die Athleten, die ich zuvor überholt hatte. Zum Teil sogar mit spöttischen Sprüchen, dass ich wohl zu schnell angegangen wäre, was mir schon wehtat. Ich entschied mich zum ersten Mal, vernünftig zu bleiben und beschloss auszusteigen. Ich wollte allerdings nicht auf den Besenwagen warten, sondern nach der ersten Radrunde aussteigen. Die folgenden Kilometer waren endlos bitter. Seit 2005, meinem ersten Triathlonjahr, musste ich nie in einem Rennen aussteigen. Egal ob Triathlon oder irgendein anderer Wettkampf, noch nie stand hinter meinem Namen ein DNF. Doch dieses DNF war unausweichlich, wenn ich meinen Körper nicht nachhaltig schädigen wollte. Einer nach dem anderen zog an mir vorbei, da ich bergauf zum Teil nur noch mit einem Bein das Pedal getreten und gezogen hatte. Zum ersten Mal konnte ich ein wenig nach links und rechts schauen, auch wenn ich die schöne Landschaft dabei nicht genießen konnte.

135

Nach schier endlosen Kilometern voller Enttäuschung kam der erlösende Abzweig, um in Richtung Wechselzone abzubiegen. Doch in diesem Moment war ich nicht mehr Herr meiner Sinne. Entgegen jeder Vernunft konnte ich es einfach nicht und fuhr weiter. Aber was sollte das? Wollte ich wirklich alles aufs Spiel setzen? Ich fand wieder zu mir und bremste. Ich stand in einem kleinen Örtchen am Bordstein und brüllte mich selbst an. Zwei Zuschauer, die nur 20 Meter entfernt standen, sahen mich mit großen Augen an und fragten sich scheinbar, was mit mir nicht stimmte. Nach einer guten Minute blickte ich mich um, wendete und fuhr in Richtung Wechselzone. Noch immer war es eine Schmach für mich. Ich hatte Angst, dass mein erstes DNF meine Hemmschwelle senken würde, künftig schneller auszusteigen, wenn es mal nicht so läuft. Kurz vor der Zeitnahme im Wechselbereich fuhr ich rechts ran und sprach direkt einen Helfer an, um meine Situation zu erklären. Man nahm mir mein Rad ab und brachte mich in ein Zelt. Ich setzte mich auf eine Bank und dann gab es kein Halten mehr. Ich heulte drauflos, da all die Trainingsqualen und Entbehrungen in meinen Kopf schossen und ich dennoch meinen Traum erneut nicht erreichen konnte. Über die Jahre habe ich mir immer wieder gesagt, dass es nun mal eine Weltmeisterschaft ist, um die es hier geht, und wenn ich mich nicht qualifiziere, dann war ich ganz einfach nicht gut genug. Aber auch das war kein Trost. Nach ein paar Minuten nahm sich eine Helferin meiner an. Sie fragte mich, was passiert war und ich holte ganz weit aus. Da meine Straßenkleidung im Zielbereich war, konnte ich mir auch nichts Wärmeres anziehen. Man versuchte mir einen Transport zu organisieren, aber bis

136

dahin blieb sie an meiner Seite und ich in eine Decke einge-hüllt. Sie erzählte mir, dass sie einmal auf Hawaii gestartet ist und dass es das vielleicht beste Erlebnis ihres Lebens war. Das streute unweigerlich Salz in meine zu diesem Zeitpunkt klaffende Wunde. Sie hatte es gut gemeint, aber ich war fix und fertig.

Nach einer knappen Stunde war meine Transportmöglich-keit da. Eine Art offener Beachbuggy, mit dem man mich durch die ganzen Menschenmengen in Richtung Ziel brachte. Ich fühlte mich wie auf dem Präsentierteller des Versagens. Endlose Blicke, die ich auf meine Art interpre-tierte und ich wollte einfach raus aus diesem Moment. Aber es dauerte geschlagene 20 Minuten, bis wir endlich da wa-ren und ich mich umziehen und in der Masse verschwinden konnte. Mein Rad und meine Wechselbeutel würde ich eh später abholen müssen. Die Pause beim Warten machte mir erst klar, welche Schmerzen mein Knie verursachte und wel-ches Ausmaß die Verletzung nahm. Es war ein so starker Schmerz, dass ich mich nur noch mit starkem Humpeln be-wegen konnte. So wurde der Weg zum Hotel und später zur Abholung des Rades noch mal zu einer wahren Tortur.

Am nächsten Morgen kam es, wie es kommen musste. Um mich herum saßen etliche Athleten in ihren Finishershirts. Natürlich gönne ich es ihnen, aber für mich wurde es so nur noch schwerer. Ein paar deutsche Ironman-Mitarbeiter ver-wickelten mich in ein Gespräch. Einer von ihnen resümierte noch mal: »Also, du hast jetzt 2.000 Euro ausgegeben, wie verrückt trainiert, Freunde und Familie vernachlässigt und das für nichts und wieder nichts?« Meine Antwort war ein kurzes »Ja«.

Irgendwie bekam er heraus, in welchem Zimmer ich wohnte und schob mir eine fehlbedruckte Finisher-Medaille unter der Tür durch, die er extra für mich besorgt hatte. Ein Überbleibsel, das man sonst weggeschmissen hätte. Auch wenn die Medaille keinen sportlichen Wert für mich hatte und nirgendwo hängen würde, so hat sie aufgrund der Geste doch einen sentimentalen Wert, da er begriff, wie schlecht es mir ging.

Nach dem Rennen stand ich an einem Scheideweg. Ich wusste, ich konnte so nicht weitermachen. Ich hatte in den letzten Jahren alles für den Sport gegeben und sicherlich auch eine Menge zurückbekommen. Trotzdem wusste ich nicht, ob ich mich auf dem richtigen Weg in meinem Leben befand. Ich ließ die Entscheidung vorerst offen und kurierte die nächsten drei Monate erst mal mein kaputtes Knie aus. Ich dachte, ich wäre in einem Tal, aus dem ich den Weg nicht mehr herausfinden würde, doch ich fand erneut Lust am Training und fing wieder an. Keine Woche später gab es einen ersten richtigen Warnschuss meines Körpers. Der Jahreswechsel stand an und ich hatte ein komisches Gefühl in der Brust. Das war erst seltsam und nahm innerhalb der nächsten Tage beängstigende Ausmaße an. Ich wurde immer unruhiger und ging zu meiner Hausärztin. Diese schickte mich sofort zur Akutsprechstunde eines Kardiologen. Ich wurde umfangreich untersucht. Hier gab es sofort einen Herzinfarktschnelltest, einen Ultraschall vom Herz und mehrere Bluttests. Ich bekam immer das gleiche Resultat: alles super. Erst beim Belastungs-EKG wurde eine Herz-Rhythmus-Störung erkannt. Der Termin fand eine Woche später statt. Es war jedoch mittlerweile so schlimm, dass es bereits im Ruhezustand zu sehen war. Kurioserweise wurde die Herz-Rhythmus-Störung bei Belastung eher besser als schlechter. Somit lag zumindest für den Arzt die Schlussfolgerung nahe, dass der Sport beziehungsweise die körperliche Belastung nicht zwangsläufig Ursache für die Probleme war. Ich musste lernen, dass diese Störungen lediglich Symptome waren und nicht zwangsläufig bedeuteten, dass ich etwas am Herzen hatte. Ich hatte über die Jahre meinen Körper extrem geschunden, aber leider versäumt, jemals eine sportmedizinische Untersuchung oder eine Leistungsdiagnostik durchführen zu lassen. Etwas, das ich jedem dringend empfehle, der ambitioniert Sport betreibt.

Die Herz-Rhythmus-Störungen ließen mich kaum schlafen und somit verschob sich die Entscheidung, wie es weitergehen würde, erneut.

KAPITEL 11

ABENTEUER ABSEITS DER »NORMALEN« PFADE

Über die Jahre ließ ich mich immer wieder zu gewagten oder unvernünftigen Abenteuern hinreißen. Aber genau diese waren es, die immer wieder Spaß brachten und an die ich mich noch heute gern erinnere.

2007/2008 FORSTMAN

In meinem ersten Jahr im Verein ließ ich mich dazu überreden, einen Wintertriathlon mitzumachen. Und wenn ich Winter schreibe, dann meine ich das auch. Kein Schwimmen im warmen Hallenbecken, sondern tatsächlich in der 4 °C kalten Spree. Letztlich war es ein verkürzter Sprint mit 200 Metern Schwimmen, 20 Kilometern Mountainbike und fünf Kilometern Lauf. Zu diesem Zeitpunkt war ich lediglich Besitzer eines Rennrads und ließ mich von meinen beiden Mitstreitern überreden, dennoch an den Start zu gehen, da sie es mir gleichtun wollten.

Als ich im tiefsten Brandenburg endlich am Ort des Geschehens ankam, war von den anderen beiden keine Spur zu sehen. Zwei Telefonate später war klar, dass ich dann doch der Einzige mit Rennrad am Start sein würde. Um sicherzugehen, ließ ich mir noch das Okay vom Veranstalter geben, der

141

mich mit großen Augen ansah und mir mit einem süffisanten Schmunzeln von diversen Schlammlöchern auf der Radstrecke berichtete. Mir war es egal, denn nun war ich schon mal da und würde keinen Rückzieher machen. Eine gute Stunde später ging es zum Start. Na ja, oder sagen wir mal, so nah wie möglich, um nicht zu früh ins Wasser zu müssen. Während andere neben dem obligatorischen Neoprenanzug auch noch Neoprenbadekappen, Neoprenhandschuhe und Neoprenfüßlinge hatten, gab mein Equipment neben dem Neoprenanzug lediglich zwei normale Badekappen zum Schutz vor der Kälte her. Aber bevor ich mir darüber großartig Gedanken machen konnte, fing der Veranstalter schon an, den Countdown runterzuzählen. Also schnell ins Wasser und dann Augen zu und durch. Mit normalem Kraul ging allerdings nicht viel bei der Kälte und so behielt ich den Kopf über Wasser, um mich in Manier eines Wasserballspielers auf die 200 Meter lange Strecke zu machen. Ich erreichte als Zweiter das Ufer, wobei die gute Platzierung vor allem daran lag, dass nur neun Athleten am Start waren. Nach dem zittrigen Ausstieg ging es auf komplett tauben Füßen zum Wechselzelt mit Heizpilzen. Da auch die Hände taub waren, gab es Helfer, die den Reißverschluss vom Neopren öffneten, denn andernfalls gab es keine Chance, die Schnur zu greifen. Im Gegensatz zu anderen Rennen war hier das A und O, sämtliche nasse Kleidung auszuziehen, um die weitere Strecke in Angriff nehmen zu können. Somit stand ich splitterfasernackt im Zelt, als plötzlich das Fernsehteam vom RBB mit der Kamera reingelaufen kam. Glücklicherweise hatte man den Fokus auf einen anderen Sportler gelegt, der selbstverständlich nicht nackt gefilmt wurde.

Nach einem elendig langen Wechsel, bei dem mich noch ein anderer Athlet überholte, ging es als Dritter aufs Rad. Sein Überholmanöver war allerdings nur von kurzer Dauer, da ihm nach ein paar hundert Metern ein Pedal abbrach. Erwartungsgemäß hatte ich auf den kommenden 20 Kilometern mit der Schlammstrecke zu kämpfen. In einer der Pfützen blieb ich dann komplett stecken, klickte mich nicht mehr rechtzeitig aus den Pedalen aus und fiel zur Seite. Der Schlamm war überall, aber besonders ärgerlicherweise an den Rennradschuhen. Es dauerte einen guten Kilometer, bis ich mich mit beiden Schuhen wieder komplett in die Pedale einklicken konnte. Nach zwei schweißtreibenden Runden war das Martyrium auf dem Rad endlich absolviert. Mittlerweile hatte ich auch wieder ein Gefühl in den Füßen, die noch lange Zeit taub waren. Keine Sekunde zu spät vor dem abschließenden Lauf. Ich war zwischenzeitlich auf den vierten Rang zurückgefallen, aber hatte das Podium klar im Visier. Mit zusammengebissenen Zähnen konnte ich meine Laufstärke ausspielen und mir den dritten Platz sichern. Für mich war das damals echt ein Erfolg. Vor allem als ich erfuhr, dass die ersten beiden Athleten deutlich schwerere Kaliber waren. Da störte mich der Rückstand auch nicht mehr wirklich. Am Ende stand ich sogar noch in einer lokalen Zeitung und erntete meine fünf Minuten Ruhm bei der nächsten Trainingseinheit. Und weil ich doof genug war, bin ich im Jahr darauf gleich noch mal gestartet. Diesmal mit deutlich mehr Teilnehmern und einem am Ende enttäuschenden Platz 5.

05.01.2014 RADTREFF UM 6 UHR

Einige der lustigsten Trainingseinheiten sind durch blöde Zufälle und dumme Sprüche entstanden. So auch unsere »legendäre« Radeinheit an einem stockfinsteren Sonntagmorgen. Wir wollten uns eigentlich für eine vierstündige Radausfahrt um 10 Uhr verabreden. Nachdem ich erst zugesagt hatte, fiel mir ein, dass ich um 11 Uhr bereits zum Brunchen verabredet war. Aus Spaß kam dann die Ansage, wir müssten uns halt einfach um 6 Uhr treffen, dann wäre das ja kein Problem. Anfangs war das für alle noch ein Jux und keiner nahm das so richtig für voll. Aber nach einiger Zeit kamen doch die Zweifel, da auch niemand abgesagt hatte. Also folgte in der WhatsApp-Gruppe die Frage, ob es bei Sonntag 6 Uhr bleiben würde. Und natürlich wollte sich niemand die Blöße geben, sodass alle wie selbstverständlich zusagten. Also kein Zurück mehr und aus Spaß wurde Ernst. Und so standen wir plötzlich alle todmüde an einem bitterkalten Sonntagmorgen pünktlich am Radtreff. Das obligatorische Beweisfoto sollte den Moment für Facebook festhalten. Als wären Kälte und Dunkelheit nicht ätzend genug gewesen, regnete es noch leicht und natürlich hatten nicht alle Licht dabei. Von Schutzblechen ganz zu schweigen. Wir hatten zwei Lampen für vorn und zwei für hinten. Da wir in Zweierreihe fuhren, war die Aufteilung der Lampen klar und von Weitem gingen wir in der Finsternis locker als Auto durch. Aber mit Kreiseln war da nichts, da wir die Lampen nicht tauschen konnten und wollten. Über zum Teil gänzlich unbeleuchtete Straßen steuerten wir auf unserer Standardrunde Richtung Spreenhagen in Brandenburg. Während des typischen Gelabers bei der Radfahrt kristallisierte sich auch heraus, dass jeder Einzelne gehofft hatte, die Nummer wäre nur ein Spaß und wir könnten alle in unseren warmen Betten bleiben. Auch die am Straßenrand stehende Polizei konnte nur mit dem Kopf schütteln, als wir immer noch im tiefsten Dunkel an ihrer Kontrolle vorbeifuhren. Im Nachhinein war es immer wieder eine lustige Geschichte zum Erinnern. Lustigerweise kam uns zum Schluss die 10-Uhr-Trainingsgruppe noch entgegen und sah uns nur mit großen Augen an.

Wetten hatten mich über die Jahre immer wieder zu Höchstleistungen oder den größten Dummheiten beflügelt. So bin ich 2009 beim New-York-Marathon gestartet, hatte 2013 das Training nach einem Jahr Pause wiederaufgenommen und mich auch zur längsten Radstrecke hinreißen lassen.

Im Vorfeld vor dem starken Rennen in Polen gab es im Rahmen einer Wette einen »kleinen Abstecher« zum Ironman 70.3 Jönköping in Schweden. Ich wollte eigentlich entspannt mit dem Flieger hin und den Rest mit einem Mietwagen zurücklegen. Als ich davon erzählt hatte, fing plötzlich einer nach dem anderen an herumzuspinnen, ich könne die Strecke doch auch mit dem Rad zurücklegen. Ein völlig absurder Gedanke, den ich in meine geistige Rundablage schob. Aber die Stimmen hörten nicht auf, bis wieder einmal Volker ausschlaggebend war und in unserer WhatsApp-Gruppe verkündete: »Wenn Du mit Rad nach Jönköping fährst, dann starte ich 2017 bei einer Langdistanz.« Jetzt kam ich ins Grübeln, denn eigentlich hatte er immer wieder betont, er wolle nie über eine Langdistanz starten. Ich fing also an, mir mögliche Routen anzusehen. Es war auch relativ schnell klar, welche Stopps infrage kommen. Der Trip würde über drei Tage und rund 750 Kilometer gehen. Aber wie sollte ich das anstellen? Drei Tage mit Rucksack und all meinen Sachen darin? Unvorstellbar! Ein Trekkingrad aufbauen? Das Mountainbike umbauen? Nein! Wennschon, dennschon und mit Zeitfahrrad. Aber wie könnte ich mein Equipment, also Kleidung, Verpflegung und Ersatzteile transportieren?

146

Da gab es nur einen Mann, der mir weiterhelfen konnte. Einer meiner damaligen Arbeitskollegen, auch gern MacGyver genannt, sollte letztlich die Lösung parat haben. In der Diskussion entschieden wir uns für einen Gepäckträger für Rennräder, den er entsprechend modifizieren würde. Dazu dann Seitentaschen mit Aussparungen, um noch treten zu können und nicht ständig an die Taschen zu stoßen. Das Ganze musste außerdem so gebaut sein, dass ich die Chance hatte, den Schlauch bei einem Platten zu wechseln. Nach ein paar Tagen Feierabend-Tüftelei war das Prachtstück dann fertig. Hässlich wie die Nacht, aber perfekt für mein Vorhaben.

Tag 1: Berlin – Rostock (267 Kilometer)
Die Zeit verging schneller, als mir lieb war und plötzlich stand der erste Tag schon auf dem Programm. Um 5 Uhr morgens ging es durch den beginnenden Berufsverkehr Berlins aus dem beschaulichen Köpenick mitten durch die Stadt Richtung Nordosten. Auf den ersten 50 Kilometern begleitete mich Felix, der mir wichtigen Windschatten am windigsten Tag dieser Reise gab. Genauer gesagt hatte ich an diesem Tag auf 90 Prozent der Strecke ausschließlich Gegenwind. Hier machte sich das Zeitfahrrad bezahlt, da ich in Aeroposition natürlich deutlich besser vorankam. Das hohe Gewicht am hinteren Teil des Rads war allerdings noch gewöhnungsbedürftig. Die eine Seite war vollgestopft mit diversen Ersatzteilen, Gels, Riegel und Iso. Auf der anderen Seite hatte ich die Wechselkleidung und die Regenabdeckungen, falls es dazu kommen sollte. Mein Navi war ein Garmin 800 von Flo. Hier hatte ich die vorher geplanten

147

Routen von Strava aufgespielt. Hilfreich bei der Planung war vor allem die Option, dass man Routen auswählen konnte, die Radfahrer bevorzugen. Zumindest war das für Deutschland und Dänemark ein Vorteil. Aber dazu später mehr.

Die Fahrt durch Deutschland verlief sehr zäh. Der Wind, die schlecht gelaunten Autofahrer und der »tolle« Radweg an der Mecklenburgischen Seenplatte, der das gröbste Kopfsteinpflaster aufwies, das ich je befahren musste, machten die Reise nicht einfacher. Aber es wäre auch eine Illusion gewesen zu denken, dass das ein Kinderspiel wird. Aber ebenfalls in Mecklenburg gab es ein paar Kilometer auf dem Eiszeit-Radweg, die mir ein Lächeln ins Gesicht zauberten.

Meine Unterkünfte hatte ich bereits im Vorfeld reserviert und auch jeweils angekündigt, dass ich mit dem Rad anreise und dieses auch mit aufs Zimmer nehmen wollte. Dementsprechend schränkte sich die Auswahl der zur Wahl stehenden Unterkünfte stark ein, aber für den Zweck war es völlig in Ordnung. Als ich kurz nach 18 Uhr in Rostock ankam, hatte ich ein großes 3-Mann-Zimmer für mich allein. Der Supermarkt um die Ecke machte die Verpflegung zur Leichtigkeit und ich konnte mir sogar noch das EM-Spiel von Deutschland ansehen. Ich war auch verblüfft, wie gut die Navigation mit dem Garmin funktioniert hatte. Mir war allerdings schon bei der Planung der Reise klar, dass der Akku nicht für einen vollen Tag ausreichen würde und deshalb hatte ich noch eine Oberrohrtasche mit Powerbank, die über ein am Rahmen angeklebtes Kabel den Garmin geladen hatte. Ich war am Ende des ersten Tages aber doch so erschöpft, dass ich den Fußball-Krimi nicht bis zum Schluss erleben konnte. Dank der böllernden Fans blieb mir aber einiges von meinem wertvollen Schlaf verwehrt.

Tag 2: Rostock – Helsingborg (222 Kilometer)
Der Wecker klingelte um 4 Uhr in der Früh. Ich kam nur schleppend aus dem Bett, wobei ich keine Zeit zum Trödeln hatte. Ich musste bis spätestens 5:45 Uhr an der Fähre sein und laut Planung würde ich um die 40 Minuten bis dahin brauchen. Bis ich alles fertig hatte, war es 4:45 Uhr. Ich fuhr durch die Rostocker Nacht in Richtung Fährhafen. Leider hatte ich mich zwei Mal verfahren, wodurch es mit der Zeit knapp wurde. Und dann passierte das, was nicht hätte passieren dürfen – ich bekam einen Platten. Und das auch noch am Hinterrad. Jetzt wurde es kompliziert, denn ich war auf einem komplett unbeleuchteten Radweg und musste vorsichtig alles so auseinanderbauen, dass ich es danach auch wieder zusammenbekommen würde. Der Wechsel dauerte geschlagene 20 Minuten. Das Adrenalin sorgte dafür, dass ich den Rest bis zum Hafen mit ordentlich Laktat in den Beinen ballerte. Ich musste nicht lange suchen und konnte schon von Weitem die Anzeige am Fährschalter lesen. Mich beunruhigte, dass kein Auto mehr dastand. Auf den letzten 50 Metern wechselte die Anzeige auf »geschlossen«. Ich fuhr vor und man erklärte mir, dass ich eine Minute zu spät sei. Die Fähre müsse den Hafen früher verlassen als geplant und es gebe keine Chance, dass ich noch rauf dürfe. Aber ich könne problemlos auf die nächste Fähre – drei Stunden später. Was für ein Rückschlag. Ich war todmüde und trottete

149

Richtung Hafenkantine, in der ich mir ein ausgiebiges Frühstück gönnte und die Wärme genoss. Ich ärgerte mich maßlos. Mein ganzer Zeitplan kam durcheinander und mir war klar, dass ich in Dänemark ein paar Pausen weglassen musste. Letztlich war ich aber froh, dass man sich mit der Umbuchung so unkompliziert verhalten hatte und ich direkt die nächste Fähre nehmen konnte. Wie zu erwarten war, war ich der einzige Radfahrer. Es war schon ein krasses Gefühl, mit dem Rad einfach so auf diese riesige Fähre zu fahren. Das Befahren der Rampe mit den großen Fugen, über die ein Autoreifen locker hinüberrollt, war schon eine Herausforderung beim Handling. Die Autofahrer sahen mich an wie ein UFO. Vor allem die, die offensichtlich gerade mit dem Auto Richtung Jönköping und somit auch zum Wettkampf unterwegs waren. Das Ironman-Logo auf der Oberrohrtasche sorgte dafür, dass mich gleich drei Leute darauf ansprachen, ob ich mit dem Rad bis Jönköping fahren würde, um vor Ort zu starten. Ein paar Lacher später war alles schnell erklärt. Die Fähre fuhr zwei Stunden den direkten Weg nach Gedser.

Kaum hatte mein Argon dänischen Asphalt unter den Rädern, merkte ich, dass der Wetterbericht recht behalten sollte. Wind aus Süd-Südwest. Perfekt! Die Straßen waren ein Traum. Kein Vergleich zu dem Stress, den ich in Deutschland hatte. 95 Prozent der Strecke waren Radwege und selbst wenn ich mal auf der Straße fahren musste, gab es kein Hupen oder dichtes Überholen. Es lief einfach und die Kilometer gingen schnell vorbei. Eine kleine oder auch mal größere Herausforderung war die Tatsache, dass ich für Dänemark und Schweden keine Karten auf dem Garmin installiert hatte. Somit folgte ich zwei Tage lang nur noch einem schwarzen Strich, der von Zeit zu Zeit mal abknickte. Erstaunlicherweise war das aber völlig ausreichend und ich hatte mich nicht verfahren. Etwas beängstigend waren die sehr hohen Brücken, die einen engen Radweg hatten. Da ich nicht wirklich schwindelfrei bin, war die Überfahrt durch den starken Wind eine echte Mutprobe für mich. Hinzu kam, dass auf dem Radweg immer wieder irgendwelche lockeren Bohlen waren, die zusätzlich für Unwohlsein sorgten. Mit sicherem Land unter den Füßen blieb ich aber auch mal kurz stehen, um den Ausblick zu genießen.

Selbst bei der Durchfahrt durch Kopenhagen war zu spüren, dass Radfahrer und Autofahrer ein eingespieltes Team sind. Radfahrer, die nach dem Überfahren einer Kreuzung auf der anderen Seite abbiegen wollten, hatten das im Vorfeld immer angezeigt. Eine völlig neue Welt für mich. Dazu kam, dass alle, die mich gesehen hatten, sofort zur Seite fuhren, wodurch ich wirklich gut durchkam. Selbst an Baustellen wurden extra Radwege zur Umfahrung gebaut. Einfach vorbildlich.

Auf den letzten Kilometern vor der Fähre in Helsingör bekam ich dann doch noch etwas Regen ab. Die zweite Fährfahrt an diesem Tag dauerte nur zehn Minuten und brachte mich ins schwedische Helsingborg. Ich kam um 19:40 Uhr im Hotel an. Später hätte es nicht sein dürfen, da die Rezeption nur bis 20 Uhr besetzt war und man mir schon beim Telefonat am Morgen klargemacht hatte, dass man den Schlüssel nirgendwo hinterlegen könne. Deshalb war der nötige Druck da, um die Fahrt durch Dänemark schnellstmöglich hinter mich zu bringen. Mein Hotelzimmer war im fünften Stock, und da ich wie angekündigt mein Rad mit aufs Zimmer nehmen wollte, stieg ich in den Fahrstuhl. Aber keine Chance. Das Rad passte nicht mal hochkant rein. Also musste ich das schwere Ungetüm über die glatten Treppenstufen mit Marmorfliesen bis nach oben schleppen.

Nachdem ich alles verstaut hatte, trieb mich mein Hunger noch mal auf die Straße. Wäre ich drei Stunden früher angekommen, wäre alles kein Problem gewesen. Aber um 20 Uhr waren die Bordsteine hochgeklappt, und der mittlerweile strömende Regen ließ mich in meiner Jogginghose nun auch keine weiten Ausflüge machen. In einem Restaurant wurde ich abgewiesen, da mein Outfit nicht passend war. Leider konnte man mir dort auch nichts zum Mitnehmen anbieten. Also blieb mir mangels Alternativen nichts anderes übrig, als in die noch offene Videothek zu gehen und mich mit Chips und Schokolade einzudecken.

Tag 3: Helsingborg – Jönköping (265 Kilometer)
Nach einer weiteren kurzen Nacht und einem unbefriedigenden Abendessen ging es erneut in der Frühe los. So früh, dass im Hotel noch kein Frühstück serviert wurde. Aber das war mir egal, denn der Plan war, bei der nächsten Tankstelle anzuhalten und dort ausgiebig zu frühstücken. Die Straßen waren noch etwas nass vom Regen am Vortag, aber es war der letzte Tag und am Abend würde ich auf die anderen treffen, die mit einem Wohnwagen vor Ort waren und entspannt ein Bier trinken. Als ich aus der Stadt raus war, lief es wieder richtig gut. Der Wind kam diesmal von der Seite, aber konnte vernachlässigt werden.

Die Straßen Schwedens boten zwar nicht so viele Radwege wie in Dänemark, aber das war auch gar nicht nötig. Je weiter ich ins Landesinnere kam, desto weniger Autos waren unterwegs. Zwischenzeitlich hatte ich eine halbe Stunde lang keinen Autofahrer gesehen, während ich durch Dörfer fuhr, die aus drei Häusern bestanden. Aber jetzt sollte noch eine ungewollte Herausforderung auf mich warten. Da ich über Strava die Routenoptimierung vorgenommen hatte, wurde auch ein Teilstück mit aufgenommen, an dem die Schweden aus der Gegend wahrscheinlich ihr Bergtraining absolvierten. Eine Rampe mit bis zu 15 Prozent Steigung sorgte für ungewollte Laktat-Freuden in meinen Oberschenkeln. Als ich nach einer gefühlten Ewigkeit mein schweres Rad, das ich nur noch liebevoll »Panzer« nannte, bis nach oben bekommen hatte, nahm ich dann doch mal das Handy, um mir anzuschauen, wo ich gerade war. Ich hätte fünf Kilometer vorher nicht Richtung Berg abbiegen, sondern einfach geradeaus weiterfahren sollen. Das hätte mir die zusätzlichen Kilometer und die Steigung erspart. Es blieb keine Zeit, mich zu ärgern und ich steuerte mein Rad auf bedrohlich nassen Straßen den Abhang hinunter.

Dieser Abstecher sorgte dafür, dass mein Hungergefühl deutlich stärker wurde. Leider fuhr ich ausschließlich an unbemannten Tankstellen vorbei, die mit der Kreditkarte freigeschaltet wurden. So hatte ich mir das irgendwie nicht vorgestellt. Ich aß also alles, was mir noch aus Rostock geblieben war. Dazu die restlichen Riegel und Gels, die ich noch seit der Abreise hatte.

Nach 140 Kilometern konnte ich dann zum ersten Mal schwarz auf weiß oder in diesem Fall weiß auf blau mein Ziel vor Augen sehen. Endlich stand es da: »Jönköping«. Aber meine Vorfreude währte nur kurz, denn ein erneuter Platten am Hinterrad machte mir zwischenzeitlich einen Strich durch die Rechnung. Die Technik kannte ich zwar mittlerweile, aber es war trotzdem extrem umständlich, den Schlauch zu wechseln. Der Nagel im Mantel war schnell gefunden und es ging weiter. Fünf Kilometer später gab es den nächsten Platten. Wieder am Hinterrad. Diesmal ein spitzer Draht. Langsam kam Frust in mir auf. Hungrig und mit mieser Laune ging es weiter.

Nach rund 200 Kilometern erspähte ich eine Fata Morgana. Ich war mittlerweile energetisch komplett am Limit und fand endlich eine richtige Tankstelle. Sogar eine mit großer Auswahl. Und dann ging es auch schon los: eine Cola, ein Red Bull, zwei Baguettes, ein Panini, einmal Haribo, ein Mars und ein Snickers. Die Verkäuferin staunte nicht schlecht, als sie realisierte, dass die Bestellung nur für mich war und ich alles in der kleinen Sitzecke inhalierte. Endlich war die gute Laune wieder da und es waren auch nur noch 60 Kilometer. Auf den letzten 30 Kilometern kamen mir sogar Olli und Volker entgegen. Beide waren kurz vorher bereits beim Ironman 70.3 in Haugesund in Norwegen gestartet. Sie wollten mich auf den letzten Kilometern begleiten und mir noch etwas Windschatten geben. In Jönköping gab es dann erst mal beim »besten Eismann wo gibt« ein megaleckeres Softeis. Danach ging es zum Campingplatz, an dem mich Flo und Dominik, unsere zwei Starter für den nächsten Tag, mit einer »La-Ola-Welle« empfingen. Dazu die Worte: »Marco, du bist zwar nicht der schnellste von uns, aber der verrückteste.« Das konnte ich so stehen lassen. Ich versank im Sitzsack und genoss mein Bier.

Die beiden lieferten am nächsten Tag ein super Rennen ab. Flo mit Platz 5 bei den Profis und einer längeren Führungsphase auf dem Rad und Dominik mit dem Sieg in seiner Altersklasse. Zurück ging es natürlich nicht mit dem Rad, sondern gemeinsam mit den anderen im Wohnmobil.

KAPITEL 12
ZWIFT

Nachdem ich einige Winter für die Frühjahrsrennen stumpf auf der Rolle trainiert hatte, erkannten auch findige Entwickler das Potenzial dieser Trainingseinheiten. Vorbei war die Zeit, als ich ein Sammelsurium von Motivationsvideos unterschiedlicher Wettkämpfe an mir vorbeiziehen sah, während ich ein Feuerwerk aus Schweiß und Qualen erlebte. Es gab nun vielmehr die Möglichkeit, das Training deutlich zielgerichteter zu gestalten und das auch noch zu teilen. Denn genau das ist es doch, was dem Training erst das Besondere gibt – die Möglichkeit, es mit Freunden und Trainingspartnern zusammen zu erleben.

Dank der Wattmesskurbeln an Rennrad und Zeitfahrrad hatte ich sogar schon zwei Räder, die bereit für die virtuelle Fahrt waren, da ich lediglich eine klassische Rolle hatte. Nachdem ich mich anfangs bei Zwift vor allem auf das Training beschränkt hatte, kam ich über spezielle Events auch zum Thema »Rennen«. Ab diesem Punkt war es um mich geschehen. Es wurde zu einer regelrechten Sucht, mich immer wieder mit anderen zu messen und meine Grenzen auszuloten. Leider hatte ich dabei kein gesundes Maß für mich finden können. Es kam nicht nur einmal vor, dass ich direkt nach Feierabend zu Hause sofort das Rad aufbaute. Nur wenige Sekunden vor dem Rennen blieb keine Zeit mehr zum

Warmfahren, bevor ich 15 Minuten oder länger unter Vollbelastung in die Pedale trat. Mein Puls schnellte dabei nicht selten in Bereiche jenseits der 180.

Nach den Rennen nutzte ich nur selten die Möglichkeit, mich richtig auszufahren, um wieder runterzukommen. Meine Trainingsgruppe kannte mich gut und hatte wiederholt versucht, mir ins Gewissen zu reden, dass meine Art zu trainieren und Wettkämpfe zu bestreiten, doch nicht gesund für mich sein konnte. Trotz meiner sonst so logischen Herangehensweise an Dinge war ich nicht in der Lage, den gut gemeinten Ratschlägen zu folgen, geschweige denn sie überhaupt zu hören.

Das Ziel, als Erster aus unserer Truppe das damals finale Level 25 zu erreichen, motivierte mich noch mehr. Außerdem hatte ich erstmals das Gefühl, auf Augenhöhe mit anderen Rennen bestreiten zu können, denn hier zählte vor allem das Leistungsgewicht, also Watt pro Kilogramm. Ich schwankte um die 67 Kilogramm bei 1,83 Meter und hatte es auf der Straße nur selten geschafft, konkurrenzfähig zu sein. Mag sein, dass man dies anders sehen könnte, allerdings waren die Maßstäbe, die ich an mich selbst angelegt hatte, immer sehr hoch.

Nachdem ich mehrere Rennen in der zweithöchsten Kategorie B bestritten hatte, wurde ich aufgrund meiner gefahrenen Watt pro Kilogramm mehrfach in die Kategorie A hochgestuft. Somit begann ich in der höchsten Klasse zu fahren und wurde von Rennen zu Rennen besser. Unter anderem bestritt ich ein 3-Stunden-Rennen, bei dem die Leistung alle 15 Minuten um 0,25 Watt pro Kilogramm gesteigert werden sollte, den »Moxie-Ride«. Da es an diesem Tag

158

keinen »Leader« gab, also niemanden, der das Tempo vorgegeben hatte, fuhren alle drauflos. Am Ende lag ich bei 220 Watt im Durchschnitt, was ich für ein Rennen auf der Rolle schon beachtlich fand. Es war jedoch auch zu spüren, dass ich noch nicht am Limit war. Also setzte ich direkt ein paar Tage danach noch einen drauf und fuhr einen FTP-Test. Über diesen Test konnte ich die maximale Leistung ermitteln, die ich in einer Stunde auf dem Rad aufs Pedal bringen konnte. Mit 289 Watt war ich sehr zufrieden, wobei die Nähe zur 300 schon reizvoll war. Vor allem, weil einer meiner Mitstreiter, Christian, mich schnell übertroffen hatte. Also trainierte ich noch härter und fuhr noch mehr Rennen, um mir die erforderliche Härte zu holen.

Eines meiner absoluten Highlights war die Deutsche Meisterschaft. Hier gab ich alles, um direkt am Start in die erste Gruppe zu kommen. Beim ersten Anstieg trat jedoch schnell Ernüchterung ein, denn es waren auch aktuelle und ehemalige Profis aus Radsport und Triathlon am Start. Am Ende wurde es Platz 47 von 187 in Kategorie A mit 259 Watt bei 1:41 Stunde, womit ich wirklich zufrieden war.

KAPITEL 13
IRONMAN 70.3 XIAMEN 2017

Der Start ins Jahr 2017 war geprägt von der Unsicherheit über meine Gesundheit. Ich flog trotz Herz-Rhythmus-Störungen im Januar nach Dubai und wollte mir den dortigen 70.3-Wettkampf ansehen. Die Reise erfüllte den gewünschten Zweck, denn sowohl das Rennen als auch das ganze Drumherum motivierten mich so sehr, dass ich wieder ins Training einsteigen wollte. Auch vom Arzt hatte ich grünes Licht und so begann ich, wenn auch mit der gebotenen Vorsicht, wieder mit dem Training. Die Herz-Rhythmus-Störungen klangen innerhalb eines Monats komplett ab. Ich wusste zwar immer noch nicht, was die Ursache war, aber vergaß auch schnell, wie schlecht es mir ging. Ich redete danach auch mit niemandem darüber und versteckte das Thema in einer weit entfernten Schublade.

Wie an fast jedem Mittwoch saßen wir auch im Mai 2017 nach dem Schwimmtraining bei unserem Stamm-Libanesen und redeten über Trainings und Wettkämpfe. Ich war noch immer orientierungslos, was die Wettkämpfe für 2017 anging. Klar war, dass ich zur WM nach Chattanooga fliegen würde, aber der Rest blieb noch völlig offen. Flo hatte erzählt, dass er überlegte, im Kraichgau zu starten. Ich hatte noch in Erinnerung, dass speziell das Radstreckenprofil so

161

überhaupt nicht meins war und damit war mir auch klar, ich würde dort nie starten. Aber wie schon in der Vergangenheit führte ein Wort zum anderen und ich stand plötzlich in der Startliste. Mein Trainingsstand war in Ordnung, aber nach den Herz-Rhythmus-Störungen vom Jahresbeginn war ich noch lange nicht da, wo ich sein wollte.

Die Tage und Wochen bis zum Rennen vergingen in Windeseile. Eine wettkampfspezifische Vorbereitung machte so kurzfristig keinen großen Sinn mehr. Lediglich einen längeren Lauf mit knapp 20 Kilometern baute ich noch in meinen Trainingsplan ein.

Wir reisten am Freitagnachmittag an und nutzten den Samstag für ein Schwimmen, einen kurzen Lauf und eine kleine Radausfahrt. Nach dem Check-in der Räder warfen wir einen Blick auf das Rennen der Ersten Triathlon-Bundesliga, welches Richard Murray klar dominierte. Ein atemberaubendes Tempo in einer völlig anderen Liga. Es machte mir wieder einmal bewusst, welche Faszination der Sport nach wie vor bei mir auslösen konnte.

Der Rennmorgen begann ernüchternd. Meine Motivation hielt sich in Grenzen und wir mussten schon alles aus unserem Hotelzimmer mit in mein Auto packen. Der Schwimmstart als »rolling start« machte das Rennen für mich in diesem Fall etwas erträglicher. Ich war nicht mit letztem Ehrgeiz dabei und versuchte eher den Spaß im Fokus zu haben. Allerdings musste ich nach dem Wechsel aufs Rad erneut feststellen, dass mein Anspruch an mich selbst doch größer war und so wollte ich dann doch mal gucken, was so ging. Meine fehlende Ortskenntnis war allerdings ein großer Nachteil, da hinter jeder Kurve ein Anstieg oder eine Abfahrt

162

lauern konnte und man dementsprechend auch mit extra Schwung um die Kurve fahren musste. Flo, der mit den Profis früher gestartet war, konnte ich an einem Punkt auf der Strecke treffen und ich sah, dass es bei ihm auch nicht wirklich lief. Die Radstrecke zog sich für mich wie ein Kaugummi und meine Motivation fürs Laufen hielt sich an diesem ungewöhnlich heißen Tag auch in Grenzen. Aber irgendwann hatte ich die Hügel, die mir an diesem Tag wie Berge vorkamen, hinter mir und konnte den abschließenden Halbmarathon angehen. Hier lief es, wie erwartet, nicht wirklich gut und ich fragte mich, wieso ich diesen Blödsinn mitgemacht hatte. Der Spaß blieb entgegen meiner Hoffnung auf der Strecke und in letzter Konsequenz waren das ganze Rennen und der Trip völlig deprimierend für mich.

Zeiten
SWIM   –   0:31 Stunden
BIKE   –   2:51 Stunden
RUN   –   1:43 Stunde
Gesamt –   5:12 Stunden

Nach dem Rennen packten wir auf der Wiese in der sengenden Hitze alles ins Auto und fuhren zurück nach Berlin. Die erste Tankstelle versorgte uns mit Eis, Cola und anderen kühlen Getränken, um uns nach Hause zu bringen. Nachdem ich Flo abgesetzt hatte, fuhr ich zu mir nach Hause. Um nicht zweimal von der Tiefgarage bis zum vierten Obergeschoss laufen zu müssen, packte ich alles so, dass ich es mit einem Mal mitbekommen würde. Da hatte ich die Rechnung allerdings ohne meinen Körper gemacht. Mitten im Treppenhaus sackte ich zusammen und saß dort mehrere Minuten, ohne mich bewegen zu können. Erst ein Nachbar, der mich sah, brachte mir etwas zu trinken und half mir, alles nach oben zu tragen. Keine Ahnung, wieso ich es mir immer wieder so unnötig schwer machte, aber das zog sich wie ein roter Faden durch meine Zeit in diesem Sport.

An meinem 36. Geburtstag traf ich die Entscheidung, dass ich in diesem Jahr noch einen Versuch für die Hawaii-Quali wagen würde. Dieses Mal bei einem anderen Format. Bei den 70.3 Rennen in China hatte man die Möglichkeit, sich auch für Hawaii zu qualifizieren. Ich entschied mich, in Xiamen zu starten, aber vorerst niemandem davon zu erzählen. Als Vorbereitung für den nächsten Quali-Versuch, aber vor allem als Resultat des wirklich guten Rennens in Polen, ging es vorher aber noch in die USA, zur Ironman-70.3-Weltmeisterschaft nach Chattanooga. Bereits einen Tag vorher reiste Christian mit seinen Eltern an und so traf ich bei meiner Ankunft im Hotel auf bekannte Gesichter. Typisch amerikanisch gab es in direkter Umgebung einen Walmart und ein Wafflehouse. Für mich war es jedoch erneut schwierig, in den USA etwas Vernünftiges und Gesundes zu essen zu bekommen. Da ich neben der WM auch den anstehenden Wettkampf im November in China immer im Hinterkopf hatte, konnte ich mich also auch ernährungstechnisch nicht völlig gehen lassen.

Nicht allein vor Ort zu sein, war eine schöne Abwechslung und nahm mir ein wenig vom Druck, den ich bei anderen Rennen zwar nicht bewusst, aber doch immer verspürt hatte. Direkt im Hotel lernten wir noch ein paar Kölner kennen, mit denen wir vor Ort mehrere schöne Erlebnisse hatten. So hatten sich diese bei unserer Erkundungsrunde der Radstrecke an unsere Fersen geheftet und machten Fotos, während sie uns mit ihrem Auto etwas Schutz vor dem Straßenverkehr gaben. Die Runde war beeindruckend, denn die USA präsentierten sich wie im Fernsehen. Tolle Landstraßen, imposante Häuser, grüne Wälder und Landschaften. Auch wenn wir es am Renntag nicht genießen könnten, so hatten wir doch an diesem Tag die Chance dazu.

Die Eröffnungsfeier wurde sehr aufwendig inszeniert und bot eine tolle Show. Typisch amerikanisch musste man sich aber dick einpacken, denn die Klimaanlagen waren immer und überall gefährlich. Wir genossen die Feier in vollen Zügen. Wir wussten, wir würden beide nicht Weltmeister werden, weshalb für uns das Erlebnis im Vordergrund stand. Am Renntag abzuliefern, war trotzdem eine Frage der Ehre, da es auch immer darum ging, wer vor dem anderen sein würde. Mir war immer bewusst, dass ich Christian nur an einem perfekten Tag schlagen könnte und wenn es für ihn nicht gut lief. Die Chance war dennoch allgegenwärtig und wir stichelten uns auch immer wieder gern damit. Beim Rennen in Polen lag er fünf Minuten vor mir, aber auch auf der Mitteldistanz konnte viel passieren.

Nach ein bisschen Training, Entspannung, Sightseeing und Shopping stand der Rennmorgen an. Erstmalig starteten Frauen und Männer an getrennten Tagen. Während wir am Vortag die Frauen ins Ziel brüllten, standen wir am Sonntag selbst am Start. Die Startwellen waren ziemlich entzerrt, um das Risiko von »Lutscher-Gruppen« zu vermeiden. Wir waren aber bereits in den frühen Morgenstunden vor Ort, um uns den Start der Profi-Männer anzusehen. Nicht nur, weil wir es einfach spannend fanden, sondern auch, weil wir sehen wollten, wie sie sich im Wasser verhielten, da die Strömung nicht ganz unerheblich war.

Als Nächster war ich an der Reihe. Christian würde erst über eine Stunde nach mir an den Start gehen. Der Rad-Check-in am Vortag lief problemlos, aber die Masse an Rädern und die Werte, die hier standen, ließen einem schon den Atem stocken. Natürlich waren auch das bevorstehende Rennen in China und die Hawaii-Quali in meinem Hinterkopf, aber immerhin war ich bei der Weltmeisterschaft auf der Mitteldistanz und wollte alles geben, was an dem Tag drin war. Der Start lief in Vierergruppen mit Kopfsprung vom Steg und danach eine Runde im Uhrzeigersinn durch den Tennessee River. Durch die entzerrten Startzeiten waren die »Vorstartrituale« entspannt, da auch Toilettengänge völlig problemlos möglich waren. Ich reihte mich relativ weit vorn ein und plötzlich ging alles ganz schnell. Als ich an der Reihe war, war ich koordinativ etwas verpeilt und statt mit einem Kopfsprung sprang ich irgendwie ins Wasser. Es kam auch im Training nicht selten vor, dass mir beim Kopfsprung die Schwimmbrille verrutschte und irgendwie hatte ich beim Start diese Gedanken im Kopf. Aber egal, ich war im Wasser und jetzt konnte es losgehen. Durch die starke Strömung machte sich vor allem zu Beginn keine Erleichterung durch Wasserschatten bemerkbar. Das Feld war stark entzerrt, wodurch ich wenig Probleme hatte, andere Athleten zu überholen. Lediglich das Überholen der vorher gestarteten

166

Welle war zum Teil etwas mühselig, aber ich kam trotzdem ganz gut rein. Nach 32 Minuten ging es für mich aus dem Wasser. Die Zeit war für mich durch die Strömung in Ordnung.

Beim Ausziehen des Neoprenanzugs gab es Hilfe, falls man diese wollte. Ich versuchte mein Glück. Man half mir, erst obenrum rauszukommen, dann sollte ich mich auf den Rücken legen und zwei Helfer zogen an den Beinen. Es klappte mehr schlecht als recht, aber einen Versuch war es wert. Der restliche Wechsel lief reibungslos, wobei die enorme Masse an Fahrrädern eine gute Orientierung erforderte. Die ersten Kilometer auf dem Rad liefen gut. Aber die entscheidende Stelle der Radstrecke kam bereits ein paar Kilometer später. Wir waren den Anstieg bereits im Training gefahren und ich wusste, was mich erwartet. Um nicht in den roten Bereich zu kommen, wollte ich 280 Watt nicht überschreiten. Glücklicherweise funktionierte mein Tacho und blieb auch das gesamte Rennen über am Rad. Mir war klar, dass mich am Anstieg mehrere Athleten überholen würden, aber ich zog meinen Plan durch. Von Zeit zu Zeit ging es mal über die 300, aber das ließ sich auch nicht wirklich vermeiden. Oben angekommen, ging es nun darum, in einen Rhythmus zu kommen und das Rennen auch ein stückweit zu genießen. Die ersten Wellen drückte ich etwas zu überschwänglich rüber, aber die Landschaft war der Wahnsinn und ich hatte einfach Bock. Ich schaffte es, das Grün links und rechts der Straße einzufangen und hatte wirklich Spaß. Der nahm mit zunehmender Erschöpfung zwar ab, aber es war trotzdem ein Genuss. In einer längeren Abfahrt gab es jedoch ei-

167

nen der widerlichsten Momente. Ein vor mir fahrender Athlet ließ sich komplett rollen und hatte sich am Rad aufgestellt. Ich vermutete, was gleich passieren würde und fuhr deutlich früher zur Seite vor dem Überholen. Er ließ es einfach laufen und hinter ihm versprühte er einen feinen Nebel von Urin. Wäre ich in diesem Moment noch hinter ihm gewesen, ich glaube, ich hätte mich vergessen. Aber auch so warf ich ihm einen unfreundlichen Kommentar an den Kopf, der ihn unbeeindruckt ließ. Ein paar Kilometer später kam dann die einzige »Lutscher-Gruppe« an mir vorbei, die ich gesehen hatte. Sogar mit prominenter Führung aus Bahrain. Die 30 bis 40 anderen Athleten hingen einfach hinten drin. Es wäre ein Leichtes gewesen, sich anzuschließen, aber das war nie meine Art, ein Rennen zu bestreiten.

Da ich es anfangs auf dem Rad etwas übertrieben hatte, hing ich hinten raus dann doch etwas in den Seilen. Mit einem Split von 2:47 Stunden war ich überhaupt nicht zufrieden. Vielleicht könnte ich es beim Halbmarathon noch mal richten. Ich ging den ersten Kilometer unter vier Minuten an und wollte versuchen, wie in Polen einen 4-Minuten-Schnitt durchzulaufen. Die Strecke war jedoch erbarmungslos und die warmen Temperaturen kamen mir auch nicht entgegen. Was mich allerdings am meisten verwunderte, war, dass mich trotzdem direkt zwei andere Athleten überholt hatten. Ich musste mir klarmachen, dass ich bei einer Weltmeisterschaft war. Das zum Teil extreme Auf und Ab zog mir endgültig den Stecker. Ich musste doch deutlich das Tempo rausnehmen und die zunehmende Hitze tat ihr Übriges. Ich war überrascht, dass ich trotz sehr gutem Trainings im Vorfeld doch nicht wirklich ins Rennen gefunden hatte. Nach

168

einem Halbmarathon in 1:45 Stunde war ich endlich im Ziel und suchte mir schnell ein schattiges Plätzchen.

Als ich nach dem Rennen die Zeiten der Profis gesehen hatte, war mir unbegreiflich, wie man auf dieser Strecke 1:10 Stunde laufen konnte. Den direkten Wettstreit mit Christian hatte ich deutlich verloren, da er mir vor allem auf dem Rad ordentlich eingeschenkt hatte. Letztlich hatte das Rennen auch nicht den erwünschten und erhofften motivierenden Effekt für meinen anstehenden Quali-Versuch. Als Erinnerung blieb mir aber trotzdem ein wirklich cooler Trip. Vor allem, da ich die Erlebnisse teilen konnte, machte es einfach noch mehr Spaß!

Zeiten
SWIM   –   0:32 Stunden
BIKE   –   2:47 Stunden
RUN   –   1:45 Stunde
Gesamt –   5:12 Stunden

Die Wochen nach der WM in Chattanooga waren minutiös durchgeplant. Da ich die Entwicklung bei Ironman Jahr für Jahr sehr genau verfolgte, hatte ich die Option mit China bereits 2016 auf dem Schirm. Die Feierabende waren in der Regel bereits komplett mit Training verplant, was nicht immer einfach war. Nichtsdestotrotz kam ich verletzungsfrei durch das sehr harte und intensive Training und war meines Erachtens in absoluter Topform. Eine 90-Kilometer-Einheit bei Zwift mit 224 Watt und auch ein 10-Kilometer-Trainingslauf, der noch nicht am Limit gelaufen wurde, war mit 37

Minuten ein klares Indiz, dass ich eigentlich alles richtig gemacht hatte.

Die Tatsache, dass ich die Wochen mehr oder weniger inkognito unterwegs war, machte die Situation ungewollt doch schwerer, statt mir den Druck zu nehmen. Nur eine Handvoll Menschen wusste von meinem Trip. Doch bereits beim Hinflug verlief nicht alles reibungslos. Auf dem langen Flug von Amsterdam nach Xiamen saß eine Frau hinter mir, die unentwegt hustete. Meine Kopfhörer konnten zwar den Lärm ausblenden, aber mir war klar, dass sie auch ihre Bakterien in meine Richtung feuerte. Dummerweise hatte ich meine Maske vergessen und an Bord waren, wieso auch immer, bereits alle vergriffen. Also schob ich meinen Schal ein Stück weiter nach oben, um zumindest ein bisschen Schutz zu haben.

Nachdem ich chinesischen Boden betreten hatte, gingen die Probleme weiter. Bei der Passkontrolle diskutierte die Beamtin mit ihrer Nachbarin wild über meinen Pass oder mein Visum. Ich konnte die beiden nicht verstehen. Es gab dann doch noch ein paar Fragen auf Englisch und nach einer gefühlten Ewigkeit bekam ich den ersehnten Einreisestempel und durfte weiter. Der nächste Schreckmoment ließ nicht lange auf sich warten. Mein Radkoffer wurde von einer Mitarbeiterin des Flughafens durch den Abholbereich gezerrt. Schon aus der Ferne konnte ich das defekte Koffer-Rad sehen. Die Airline ersetzte mir den Schaden jedoch sofort in bar zu einem fairen Preis. Trotzdem war es nervig, dass ich den Koffer nun nicht mehr hinter mir herziehen konnte, sondern alles mit einem separaten Wagen erledigen musste.

Im Taxi ging es zum Hotel. Dem Taxifahrer, der kein Wort Englisch verstand, hatte ich meine Buchungsbestätigung gezeigt, auf der die Adresse auch auf Chinesisch stand. Leider fuhr er mich trotzdem zum falschen Hotel. Glücklicherweise konnte ich mein Hotel aber aus der Ferne erblicken und mit Gesten mein Anliegen verständlich machen. Bei meiner Ankunft im »International Conference Center Hotel« zeigte man mir beim Check-in einen Betrag, der 50 Prozent über den von mir gebuchten Konditionen lag. Leider konnte die Mitarbeiterin trotz des vielversprechenden Hotelnamens kein Wort Englisch, um mir den Grund zu erklären. Letztlich war es die Kaution für den Roomservice, doch hier wäre eine Erklärung angebracht gewesen.

Das Hotelzimmer war top. Ich hatte einen tollen Blick auf das Meer und die Wettkampfstrecke. Bei der Optik der Stadt hätte man sich allerdings auch irgendwo in Europa befinden können. Ich baute am Anreisetag nur noch mein Rad zusammen und ging in den nächsten Supermarkt, um mir Wasser und Obst zu kaufen. Hier machte sich zum ersten Mal die Internetzensur bemerkbar. Mit meinem Smartphone konnte ich nun nicht mehr auf WhatsApp, Google und andere Dienste zugreifen. Außerdem wurde mir die Bedeutung von Smartphones in China bewusst. Nahezu alle Chinesen, die ich gesehen hatte, tätigten ihre Zahlungen per Smartphone. Mich hat man hingegen wie einen Neandertaler angesehen, als ich das Bargeld aus der Tasche zückte. Die Kassiererin im Supermarkt musste sogar extra Wechselgeld holen.

Der nächste Morgen verhieß nichts Gutes. Mit starken Gliederschmerzen machte ich mich auf den Weg zum Frühstück.

Da es mir nicht so gut ging, hatte ich auch keinen großen Appetit. Entgegen jeder Vernunft schnappte ich mir danach trotzdem meine Laufschuhe für eine kurze Runde. Zumindest beließ ich es für diesen Tag dabei und stieg erst am nächsten Tag aufs Rad. Hier erlebte ich den chinesischen Fahrstil auf die harte Tour. Auf den rund 25 von geplanten 50 Kilometern erlebte ich drei lebensbedrohliche Situationen. Bei der schlimmsten überholte mich auf der vierspurigen Hauptstraße ein Bus. Obwohl er erst gut zwei Meter an mir vorbei war, zog er plötzlich, ohne zu blinken, nach rechts rüber, um abzubiegen. Ohne Vollbremsung wäre ich sicher unter die Räder gekommen. Leider hatte ich mir damit meinen frisch geklebten Schlauchreifen am Hinterrad kaputt gebremst. Also musste ich das Rad zurück zum Hotel schieben und den Schlauchreifen wechseln. Mittlerweile war ich allerdings deutlich versierter und konnte das recht routiniert.

Mein gesundheitlicher Zustand verschlechterte sich und ich fühlte mich so schlapp, dass ich das mitgebrachte Fieberthermometer auspackte und 39 °C Körpertemperatur zum Vorschein kamen. Ich schleppte mich durch die nächsten Tage und konnte mich nur ab und zu aus meinem Hotelzimmer bewegen. Schon vor meinem Abflug hatten sich auch die Herz-Rhythmus-Störungen wieder bemerkbar gemacht. Meine mitgebrachte Reiseapotheke konnte zumindest das Fieber senken und sorgte so für ein wenig Linderung. Erneut stand ich vor der Frage: »Soll ich oder soll ich nicht starten?« Ich war hin- und hergerissen. Der gesunde Menschenverstand hätte die Frage leicht beantworten können, nur leider hatte ich diesen erneut nicht im Gepäck. Es war ein so hartes Training mit all der Verschwiegenheit gewesen, die weite Reise und – nicht zu vergessen – ein nicht unerheblicher vierstelliger Betrag.

Ich checkte am Vortag des Rennens erst mal mein Rad ein und ließ mir die Möglichkeit offen, doch noch einen Rückzieher zu machen. Die Fahrt zur Wechselzone war ein Wechselbad der Gefühle. Auf der einen Seite war ich unsicher, auf der anderen Seite voller Ehrfurcht vor dem Rennen und der Tatsache, mich wieder einmal irgendwo auf dieser Welt mit anderen Athleten beim einfach besten Sport der Welt messen zu können. Die Fahrt wurde noch viel aufregender, weil ich zum ersten Mal mit dem beklebten Helm von Flo unterwegs war und das Totenkopf-Motiv die Paparazzi in Form von Zuschauern auf die Bühne rief. Mehrere Zuschauer fragten mich nach einem Foto und ich versuchte ein Lächeln nach dem anderen auf mein Gesicht zu zaubern.

Durch den AWA-Silber-Status hatte ich meine bisher coolste Startnummer, die »101«. Der Blick ging sofort nach links und rechts, um mir die Konkurrenz anzusehen. Wie immer waren ein paar unglaublich durchtrainierte Athleten am Start, aber die Vergangenheit hatte mir gezeigt, dass ich auch diese im Griff haben konnte. Ich stellte mein Rad ab und ging mehrere hundert Meter in der wirklich sehr langen Wechselzone, um die Beutel anzuhängen. Die Ablenkung tat mir gut, um zumindest für eine Stunde die Ängste und Sorgen ablegen zu können. Bereits auf dem Fußweg zurück zum Hotel ging das Kopfkino erneut los. Ich verbrachte den restlichen Tag auf dem Bett, um mich mit HBO im Fernsehen abzulenken und die Beine hochzulegen.

Nach einer sehr unruhigen Nacht war ich mehr denn je davon überzeugt, nicht an den Start zu gehen. Ein Blick auf das Thermometer zeigte, dass ich immer noch Fieber hatte. Wie fremdgesteuert spulte ich dennoch mein mittlerweile ritualisiertes Standardprozedere ab. Ich ging sogar zum Frühstück und versuchte zumindest ein paar Bissen runterzubekommen. Der Weg zur Wechselzone wurde einem durch ein paar Elektro-Caddys erleichtert. Entgegen jeder Vernunft bereitete ich mein Rad vor und zog mir den Einteiler an und den Neopren darüber. Ich blickte auf das Meer und war wie in Schockstarre, was ich hier gerade machte. Zum ersten Mal bereute ich es zutiefst, allein vor Ort zu sein und niemanden dabei zu haben, der mir diese schwere Entscheidung abnehmen konnte.

Es kam, wie es kommen musste: Pünktlich zum Start sortierte ich mich relativ weit vorn ein und wartete beim »rolling start« auf den Start meiner Vierer-Gruppe. Da es recht windig war, war das Meer aufgewühlt und mit stärkerem Wellengang als die Tage zuvor. Ich konnte nicht mehr viel über die Situation nachdenken, denn schon ging es los. Ich konnte nicht Vollgas geben, aber ich wollte es durchziehen. Zu diesem Zeitpunkt hatte ich keine Ahnung, dass ich mit Platz 11 in der Altersklasse nach dem Schwimmen rauskommen würde. Ich musste immer wieder daran denken, was ohne die Probleme möglich gewesen wäre.

Der Wechsel ging nicht zügig von der Hand. Ich war bereits fertig umgezogen und blieb einfach sitzen. Nach ein paar Sekunden rüttelte mich ein anderer Athlet regelrecht wach und brüllte mich an, ich solle jetzt aufs Rad steigen. Ich lief los und bedankte mich auf dem langen Weg. Rad geschnappt, weitergerollt und aufgestiegen. So oft gemacht, erlebt und trotzdem war alles anders. Die Radstrecke war gesäumt von Polizei und Militär. Alle 50 bis 100 Meter standen ein bis zwei von ihnen am Streckenrand, um diese abzusichern. Wer sich also gern wirklich sicher auf der Radstrecke fühlen will, der sollte mal ein Rennen in China wagen. Der Asphalt war einfach ein Traum, auch wenn ich es nicht genießen konnte. Die ersten 25 Kilometer konnte ich fast voll fahren, wodurch die Hoffnung in mir stieg, doch noch ein gutes Rennen abliefern zu können, auf das ich auch stolz sein konnte. Die Hawaii-Quali hatte ich kaum mehr auf dem Schirm.

Kurz danach gingen die Probleme erst richtig los. Ich realisierte immer wieder Aussetzer gehabt zu haben. Ich erreichte Streckenabschnitte, ohne zu wissen, wie ich dort hingekommen war. Diese Momente machten mir wirklich Angst, da ich offensichtlich mehr als nur eine Hawaii-Quali aufs Spiel setzte. Ich nahm Tempo raus und fuhr nur noch zurück zur Wechselzone. Ich gab meinen Chip ab und schob mein Rad zurück in die Wechselzone. Hier saß ich nun wieder einmal allein mit meinen Gedanken und den verwunderten Blicken der Zuschauer, die mich ansahen, als hätte ich einfach nicht das Zeug gehabt, um durchzuziehen. Vielleicht redete ich mir das auch nur ein, aber ich war innerlich endgültig zerbrochen. Ich wollte einfach nur noch schnell zurück ins Hotel, um mich nicht mehr den Blicken der anderen auszusetzen. Ich durfte mein Rad noch nicht mitnehmen und mein Wechselbeutel hing bereits am Ziel. Somit schleppte ich mich mehr schlecht als recht genau in diese

175

Richtung. Für mich war das wie ein Gang zum Galgen, denn immer noch im Wettkampfanzug hörten die Blicke einfach nicht auf. Nach einer echten Tortur und der Wehmut, die Athleten auf dem Rad und beim Laufen zu sehen, kam ich endlich im Hotel an. Das war der mit Abstand schwerste Rückschlag, den ich im Sport erleben musste. Die monatelange extrem harte Vorbereitung und Geheimhaltung, all das verpuffte im Nichts. Nicht einmal eine Finishermedaille oder ein Shirt waren mir vergönnt. Ich schrieb eine SMS an Christian, um nunmehr auch die anderen einzuweihen, wobei diese meine Verzweiflung widerspiegelte:

» Hallo Männer. Ich wollte es noch ein letztes Mal wissen. Also hatte ich mich an meinem Geburtstag für den 70.3 in Xiamen, China, gemeldet. Natürlich mit dem Fokus auf einen der 30 Kona-Slots. Neben meiner Familie und meinen Chefs waren nur noch Fabio und Kuppi eingeweiht. Es tut mir leid, dass ich auch auf Nachfragen geschwindelt habe, aber ich wollte mich diesmal nicht so unter Druck setzen. Was soll ich sagen: Auf dem Hinflug ist der Radkoffer kaputtgegangen. An Tag 2 wurde ich im Training fast überfahren und hab das deshalb abgebrochen. Am gleichen Abend habe ich gemerkt, dass es mir gesundheitlich schlechter geht. Am nächsten Tag war ich krank. Ich habe trotzdem versucht, die Vorbereitung irgendwie zu bewerkstelligen. Der Tag vor dem Rennen war ein kleiner Lichtblick. Es ging mir etwas besser. Heute, also am Rennmorgen, hatte ich über 38 °C Fieber und stand trotzdem an der Startlinie. Schwimmen ging schon kaum und Rad ab Kilometer 35 gar nicht mehr. Die passable Schwimmzeit trotz schwereren Wellengangs resultierte aus der Strömung. Beim Rad hatte ich überraschend bis ca. Kilometer 25 sogar Druck. Danach dachte ich, dass ich kollabiere. Ich bin dann nur noch die Runde zu Ende gefahren. Ich wollte es einfach so sehr. Zu sehr! Ich hatte in den Wochen nach Chattanooga ein brutales Programm abgespult und war wirklich in absoluter Bestform. Den Rest muss ich nur noch bei Strava hochladen. Leider haben sich aber eine Woche vor meinem Abflug bereits andere gesundheitliche Probleme abgezeichnet. Die Herz-Rhythmus-Störungen kamen wieder. Auch wenn jetzt sicher einige denken, dass ich das nur im Affekt schreibe, aber der Hawaii-Zug und damit auch das intensive Training sind für mich endgültig abgefahren. Ich habe Angst davor, noch mal so eine dumme Entscheidung zu treffen wie heute und dann plötzlich tot umzufallen. Aber zumindest mit dem POC-Helm von Flo mit der Beklebung war ich DER Hingucker und alle wollten gestern beim Check-in ein Foto mit mir. Jetzt sehe ich den Rest des Rennens vom Hotel-Balkon und versuche, noch etwas Positives aus dem Trip zu ziehen.« Es sorgt für Gänsehaut, wenn ich das lese und schreibe, da ich in diesem Moment wieder erahnen kann, wie zerstört ich war.

Ich musste erst mal etwas essen und bestellte mir aus Trotz dann doch mal wieder einen Burger mit Pommes. Ich biss in den ersten Pommes und ab dann ging das wahre Drama los. Ich stürmte ins Bad und dort blieb ich vorerst auch. Offensichtlich hatte ich mir vor Ort noch irgendeinen Virus eingefangen. Nichtsdestotrotz musste ich noch mal auf die Beine kommen, um mich zur Wechselzone zu schleppen, um mein Rad abzuholen. Somit würde ich ein weiteres Mal vorbei an

177

den Athleten gehen und in die glücklichen Gesichter der Finisher sehen. Der Schmerz saß tief. Außerdem musste ich mich die ganze Zeit zusammenreißen, um mich nicht zu übergeben, auch wenn nichts mehr in mir sein konnte. Glücklicherweise blieb mir das auch erspart.

In der darauffolgenden Nacht ging es mir so elend wie zuletzt mit 16 Jahren während einer Hirnhautentzündung. Gegen 8 Uhr morgens schlief ich endlich ein. Keine Stunde später wurde ich wach und realisierte, was zwischenzeitlich passiert war. Ich war nicht mehr Herr meines Körpers und ohne darauf näher eingehen zu wollen, brachte ich alles schnell ins Bad und hing das »Bitte nicht stören«-Schild an die Tür. Nun stand ich hier Tausende von Kilometern von meinem Zuhause entfernt in einem 5-Sterne-Hotel, in dem keiner richtig Englisch sprechen konnte. Wie sollte ich das nur erklären? Ich hörte Stimmen auf dem Flur und fasste all meinen Mut zusammen. Die Chefin vom Housekeeping kontrollierte gerade das Zimmer auf der gegenüberliegenden Flurseite. Ich sprach sie an und zu meiner Überraschung sprach sie nicht nur Englisch, sondern sogar wirklich gut. Ich erklärte ihr, was passiert war, entschuldigte mich immer wieder für die Unannehmlichkeiten und betonte, wie leid mir das alles tat. Sie war ein wahrer Glücksfall für mich, denn sie gab mir in jedem Moment das Gefühl, dass nichts Schlimmes passiert und ich einfach krank war und nichts dafürkonnte. Sie rief sofort zwei Hausmädchen, die sich um das Zimmer kümmerten. Dabei blieb es jedoch nicht, denn ich brauchte ja noch weitere Hilfe. Ich fragte sie nach dem nächsten Krankenhaus, aber sie winkte sofort ab. Sie empfahl mir, stattdessen zur nächsten Apotheke zu fahren. Sie bat mich, schon mal in den Fahrstuhl zu steigen, während sie am Empfang Bescheid gab, ein Taxi für mich bereitzustellen, das mich zur Apotheke fahren konnte. Als ich in der Lobby ankam, war alles bereits vorbereitet. Keine fünf Minuten später war ich in der nächsten Apotheke. Wider Erwarten sprachen die beiden freundlichen Damen kein Wort Englisch, aber mit Händen und entsprechenden Gesten konnte ich schnell verdeutlichen, welche Probleme mich geplagt hatten. Sie suchten schnell zwei Medikamente für mich raus, die einen lächerlich niedrigen Preis hatten, und schon war ich wieder im Taxi und auf der Fahrt zurück ins Hotel. In meinem Zimmer lief gerade die Abnahme. Es war, als ob nichts gewesen wäre. Ich bedankte mich immer und immer wieder und war einfach dankbar. Sie hatten mir auch ein paar zusätzliche Flaschen Wasser hingestellt, hingen das Nicht-Stören-Schild an die Tür und verließen mich mit den Worten, dass ich zu jeder Zeit rufen könne und sie würden mir helfen. Da die Medikamente, von denen ich keine Ahnung hatte, was ich da eigentlich zu mir nahm, gut anschlugen, konnte ich die folgenden Nächte einigermaßen gut schlafen und hatte auch ansonsten nur noch vereinzelt Probleme mit dem Magen. Ich traute mich somit ab und zu auch kurz mal wieder auf die Straße, um mir etwas Brot zu kaufen. Ich wollte kein Risiko mehr eingehen. Leider konnte ich somit aber auch kein Sightseeing mehr betreiben, was zusätzlich schmerzte, so weit entfernt von zu Hause. Irgendwie wollte ich nach dieser Odyssee ohnehin nur noch nach Hause. Mich plagte sonst immer nur Fernweh, aber zum ersten Mal in zehn Jahren hatte ich echtes Heimweh.

Die Rückreise wurde nochmals zu einer letzten Challenge. Der Flieger ging erst mit drei Stunden Verspätung in die Luft, da der Wind zu schwach zum Abheben für uns war. In Amsterdam musste ich dann Vollgas geben, um mit Ach und Krach noch den Flieger nach Berlin zu erwischen. Am Flughafen Tegel gab es jedoch die erwartete Nachricht, dass mein Gepäck nicht dabei war. Somit ging ich nur mit Rucksack in die Ankunftshalle, in der mich mein Vater auf den ersten Blick nicht wiedererkannte. Mit 67 Kilogramm abgereist, brachte ich nach meiner Rückkehr nur noch 59 Kilogramm auf die Waage. Außerdem hatte ich nicht die auffällig bunte Radtasche dabei. Aber egal, ich war endlich zu Hause. Am nächsten Abend brachte ein Kurier dann glücklicherweise noch meinen Koffer und die Radtasche.

KAPITEL 14

ALLES ÄNDERT SICH

Nach der Menge an Rückschlägen und Enttäuschungen bekam ich Zweifel, ob ich den Weg nach Hawaii noch über die Quali schaffen würde. Ich dachte nun doch ernsthaft über Alternativen nach, um nach Big Island zu kommen. Das »Legacy-Projekt« war speziell für Athleten ins Leben gerufen worden, die die Qualifikation nicht geschafft hatten oder nicht schaffen konnten, jedoch zwölf volle Ironman-Rennen gefinisht hatten.

Ich schaffte es, mich mit dem Gedanken anzufreunden, auch auf diesem Weg die Reise nach Hawaii anzutreten. Zuerst nahm ich allerdings am Gewinnspiel teil, wobei dieses nicht zu meinem Vorteil ausging. Also begann ich einen Plan zu schmieden und überlegte, welche Rennen ich in welchem Zeitraum machen wollte, um schnellstmöglich die zwölf Finishs zusammenzubekommen. Die Herz-Rhythmus-Störungen waren wieder vollständig abgeklungen. Meiner Natur entsprechend übertrieb ich es erneut maßlos, denn zum Erreichen meines Ziels brauchte ich noch sieben Finishs. Diese wollte ich in lediglich zwei Jahren über die Bühne bringen. Vor allem aus finanziellen Gründen entschied ich mich, die Starts auf Europa zu beschränken. Hier gab es noch genügend Rennen, bei denen ich noch nicht gestartet war, denn ich wollte kein Rennen doppelt machen.

Um einen frühen Start in die Saison zu finden, entschied ich mich, direkt beim ersten Europa-Rennen des Jahres zu starten – Lanzarote. Über die Jahre hatte ich immer wieder Berichte gelesen oder gehört, dass es das vielleicht härteste Rennen sei. Letztlich dachte ich mir aber, dass mir die Rennen danach leichter fallen würden, wenn ich direkt mit so einem Hammer startete. Die anderen drei Starts plante ich innerhalb von vier Wochen: Hamburg – Luxemburg – Dänemark. Für jeden halbwegs normal denkenden Menschen leicht zu durchschauen, dass das vor allem mit meiner Vergangenheit keine gute Idee sein konnte. Wie so oft wusste ich es besser und ließ die Stimmen der Vernunft außen vor. Das Ausmaß der Konsequenzen, die diese Einstellung für mich haben sollte, konnte ich zu diesem Zeitpunkt nicht im Ansatz erahnen.

Die Vorbereitung für mein Mammut-Programm lief schleppend. Die Ferse an meinem linken Fuß machte mir bereits seit Monaten zu schaffen. Immer wieder begann ich das Lauftraining mit zum Teil sehr starken Schmerzen auf den ersten beiden Kilometern, welcher auf den nächsten Kilometern in eine Art Taubheitsgefühl überging, jedoch lief es nicht mehr so richtig rund. Um mir nicht reinreden zu lassen, hatte ich auch von mir selbst unbemerkt das Lauftraining vorrangig nur noch allein absolviert. Einer der größten Fehler überhaupt, denn erst das gemeinsame Training hatte meine Form über die Jahre aufgebaut und mich stärker und schneller werden lassen. So blieb auch der Spaß auf der Strecke, da mir die Gespräche fehlten.

In Vorbereitung auf die Saison, aber speziell für Lanzarote, hatte ich noch zwei Trainingslager geplant. Um bei vergleichbaren Bedingungen trainieren zu können, zog es mich erneut ins »Las Playitas«, dessen Trainingsmöglichkeiten mich schon zwei Jahre zuvor überzeugt hatten. Eine Woche später stand das jährliche Thüringen-Trainingslager mit den Jungs vom Team auf dem Programm. Hierbei sollte es erneut zum Showdown beim legendären Bergzeitfahren »Scheibe-Alsbach« kommen, wofür Fuerteventura natürlich eine ideale Vorbereitung war. Auch da war ich extrem ehrgeizig und wollte meine direkten Trainingspartner im Wettkampf schlagen. Für mich war es immer ein inneres Blumenpflücken, wenn sich für den Vergleich mit meinen liebsten Mitstreitern eine Möglichkeit geboten hatte, denn irgendwie konnte ich in diesen Momenten noch weiter in den roten Bereich gehen als in den eigentlichen Rennen.

Den Plan für das Trainingslager auf Fuerteventura hatte ich mir selbst geschrieben. Ich hatte über die Jahre viele Pläne gesehen und geschrieben bekommen und wusste mittlerweile recht gut, wie mein Körper auf welche Einheit bei welchem Trainingsstand reagiert. Lediglich der Faktor mit dem Fuß war für mich nur begrenzt kalkulierbar. Rückblickend ist es immer leicht zu sagen, man hätte es doch anders machen und das Gespräch mit irgendwem suchen sollen, aber mein übertriebener Ehrgeiz hatte mich mittlerweile völlig blind werden lassen. Ich hatte auch keinen Arzt konsultiert, da ich nicht hören wollte, dass meine Art, den Sport zu betreiben, krank war.

Im Trainingslager blieb ich hinter meinen Erwartungen und konnte die von mir gesteckten Ziele nicht erreichen. Hinzu kam eine Überbelastungsverletzung am Knie, die ich mir während einer der Rad-Einheiten zuzog, während ich »all out« gefahren bin. Sie wurde sicherlich durch die Schwierigkeiten beim Laufen begünstigt, da mein Bewegungsapparat einfach nicht ganz rund lief und alle Gelenke damit beschäftigt waren, die Fehler auszugleichen. Das war mir in dem Moment allerdings fast egal, da ich bei Strava auf Platz 5 für den »All-out-Abschnitt« lag und es einfach nur Spaß gemacht hatte, richtig zu ballern. Irgendwie war in dem ganzen Trainingslager aber eh der Wurm drin, denn entgegen meiner Hoffnung traf ich vor Ort auf keine bekannten Gesichter und fand auch keinen anderen Anschluss.

In der Woche nach dem Trainingslager war die Knieverletzung für mich allgegenwärtig, denn ich steckte schon in der Vorbereitung für das Thüringen-Trainingslager. Hier wollte ich mit den harten Zwift-Einheiten und dem Training aus Fuerteventura punkten. Dies war jedoch nur möglich, wenn ich überhaupt in der Lage sein würde anzutreten. Schon auf der Hinfahrt in dem unbequemen Bus musste ich realisieren, dass ich die Nummer nur mit großem Risiko mitmachen konnte, denn ich hatte selbst beim Sitzen extreme Schmerzen im Knie. Wie so oft setzte ich mich am nächsten Morgen entgegen jeder Vernunft aufs Rad. Bereits die ersten Kilometer zwickten ordentlich im Knie, aber ich hatte mir eingeredet, dass es schon irgendwie gehen würde. Als wir den Ortsausgang von Goldisthal erreicht hatten, der den Startpunkt markiert, hatte ich mir nochmals Mut zugesprochen, einfach die Zähne zusammenzubeißen und durchzuziehen. Das Rennen startete fliegend und die erste Gruppe setzte sich bereits auf den ersten hundert Metern ab. Ich gestaltete mein Rennen taktisch und fuhr alles über dem Wattmesser. Ich hatte die Renndauer mehrfach im Winter auf der Rolle bestritten und wusste genau, was möglich war und was nicht. Ich fuhr also erst mal im Bereich 300 bis 320 Watt. Am Ende des ersten Anstiegs waren wir in einer Dreiergruppe, während das Spitzen-Quartett bereits außer Reichweite war. In der Abfahrt konnte sich keiner entscheidend absetzen, allerdings bekamen wir am Fuße des letzten Anstiegs noch mal Besuch von hinten. Hier legte ich jetzt den Schalter auf »Wahnsinn« um und malträtierte mein Knie bei knapp 400 Watt für die letzten zwei Minuten. Die kurze Belohnung war Platz 5 im Ranking und die Tatsache, einige Mitstreiter hinter mir gelassen zu haben, die ich noch nie schlagen konnte. Die Euphorie wich allerdings schnell der Ernüchterung, da die Schmerzen im Knie schlagartig anstiegen. Es wurde so schlimm, dass ich Zweifel hatte, ob ich die Runde überhaupt noch zu Ende fahren konnte. Letztlich hatte ich es geschafft, aber die Teilnahme an der 200-Kilometer-Runde am Folgetag blieb mir verwehrt. Den letzten Tag konnte ich wieder mitfahren und nutzte die Chance direkt, um mit der GoPro Aufnahmen zu machen, die ich im Anschluss an die drei Tage noch zusammenschnitt und mir heute noch gern ansehe.

Die Quintessenz des Trainingslagers war jedoch die Tatsache, weiterhin verletzt zu sein. Selbst zehn Tage später, an Himmelfahrt, war ich noch nicht in der Lage, wieder Druck aufs Pedal zu geben. Somit konnte ich aber als Begleitfahrzeug bei perfektem Wetter direkt Dreharbeiten daraus machen.

185

Ich schaffte es, bis zum Abflug nach Lanzarote vernünftig zu bleiben. Mein Knie konnte sich erholen und die Chance für ein Finish blieb gewahrt. Das Hotel lag nur wenige Minuten vom Start-Ziel-Bereich in Puerto del Carmen. Der Ort war voll von Touristen und ich fühlte mich im ersten Moment eher wie am Ballermann und nicht wie an der Austragungsstätte eines der härtesten Ironman-Wettkämpfe der Welt. Auch wenn ich vor Ort auf ein paar bekannte Gesichter traf, kam ich nicht so richtig an.

In den folgenden Tagen bestritt ich lediglich ein paar vorsichtige kurze Trainingseinheiten. Ich traute dem Frieden mit meinem Knie noch nicht wirklich und die Erinnerungen an das Rennen in Weymouth 2016 waren noch immer präsent. Meine Ferse ignorierte ich weiterhin und war voller Hoffnung, dass die schon irgendwie durchhalten würde.

Trotz meiner Erfahrung nach all den Jahren machte ich noch einen klassischen Anfängerfehler. Ich kaufte mir auf der Expo noch einen Einteiler, der mir ins Auge stach und ging, ohne diesen je getragen zu haben, damit an den Start. Dies war allerdings nötig geworden, da ich vor Ort ein Loch in meinem eigentlich vorgesehenen Zweiteiler entdeckt hatte . Die Abholung der Startunterlagen samt Racebriefing war am anderen Ende der Insel im Sporthotel »Club La Santa«, welches zu meiner Überraschung als Namensgeber des Wettkampfs nur am Rande mit dem Wettkampf zu tun hatte.

Check-in des Rads und Morgenroutine liefen wie im Film ab. Ich verspürte allerdings nicht die Aufregung wie in den Jahren zuvor. Das Feuer in mir fehlte, was vor allem an meiner »Nur-Finishen-Einstellung« lag. Ich war nicht so recht bei der Sache, bis ich plötzlich an der Startlinie stand. Ich ging das Rennen wie geplant defensiv an. Ich schwamm beide Runden am Rand, um nicht unnötig Energie bei Prügeleien zu verlieren. Nach einem mittelmäßigen Schwimmen legte ich einen entspannten Wechsel ein und ging zu meinem Rad. Bereits nach den ersten beiden Kilometern merkte ich, dass ich überhaupt keinen Druck hatte. Das konnte nur an meiner Einstellung liegen, denn ich hatte auf Fuerteventura und in Thüringen noch ein paar harte Trainingseinheiten und konnte dort zumindest auf dem Rad auch eine wirklich zufriedenstellende Leistung abrufen. Auf Lanzarote ging allerdings überhaupt nichts. Eine frustrierende Feststellung, denn vor mir lagen noch 178 Kilometer auf einem der härtesten Radkurse der Ironman-Serie.

Die Radrunde hatte so einiges fürs Auge zu bieten. Grüne Pflanzen in schwarzen Lavafeldern, Berge, viel Natur und es gab auch eine Premiere: Es war der erste Ein-Runden-Radkurs, den ich bisher in einem Ironman hatte. Lanzarote wurde seinem Ruf gerecht und das Auf und Ab saugte auch das letzte Quäntchen an Energie aus meinen Oberschenkeln. Lediglich Raphi, der zu der Zeit auf der Insel war und mich lautstark anfeuerte, motivierte mich, nicht völlig den Kopf in den Sand zu stecken. Er gehörte schon auf Cozumel zur Reisegruppe, aber der Sport macht die Welt halt immer wieder zu einem Dorf. Mitten in den Lavafeldern überkam es mich plötzlich. Ich peilte meinen Garmin an und trat die 220 Watt, die ich mir zuletzt immer als Zielwert nahm. In kürzester Zeit überholte ich etliche Athleten. Das Gefühl war viel schöner als die Fahrt mit angezogener Hand-

187

bremse. Ich wusste, ich müsste aber noch mit meinen Kräften haushalten, um mein Knie nicht zu sehr zu belasten, also nahm ich wieder Druck vom Pedal. Ich wurde wieder durchgereicht und die anderen wirkten eher genervt von meiner kleinen »Attacke«. 20 Kilometer vor Ende der Radrunde meldete sich mein Knie. Glücklicherweise nicht so unnachgiebig wie in England, aber ich ließ Vorsicht walten. Ich nahm noch mehr Tempo raus, um mein Primärziel, das Finish, nicht zu gefährden.

Nach einem extrem schlechten Radsplit merkte ich auf den ersten Laufmetern leichte Schmerzen in meiner Ferse. Raphi stand wieder parat und hatte ein paar lockere Sprüche drauf, die mir ein Lächeln entlocken konnten. Kurz danach war ich wieder für mich allein. Die Schmerzen wurden von Kilometer zu Kilometer immer schlimmer. Eigentlich war die Laufstrecke perfekt für mich. Flach, teilweise mit wirklich vielen Fans und vorbei am Flughafen. Ich liebe Flughäfen! Nach der Hälfte des Rennens wurden die Schmerzen allerdings so stark, dass ich kaum mehr in der Lage war zu laufen. Selbst im Start-Ziel-Bereich mit den meisten Fans war es nun nicht mehr möglich, ein entsprechendes Tempo anzuschlagen. Ich behielt die Sonnenbrille so lange wie möglich auf, denn ich wollte nicht meine tränenreichen Augen zeigen. Es war einfach nur schrecklich für mich. Ich wollte nur noch ins Ziel und in mein Hotelzimmer. Nur noch weg und all das ganz schnell vergessen. Diese Art, ein Rennen anzugehen, war nicht meins. Alles nur halbherzig, obwohl der Sport über so viele Jahre fast das Wichtigste in meinem Leben war. Ich brachte mein langsamstes Rennen ins Ziel und war am Boden zerstört. Das hatte einfach keinen Spaß gemacht und mich letztlich auch nicht glücklich.

Zeiten
SWIM   –   1:12 Stunden
BIKE   –   7:17 Stunden
RUN   –   5:45 Stunde
Gesamt –   14:30 Stunden

Nach dem Rennen war es für mich schwer, die Motivation wiederzufinden, um im Training zu bleiben. Es standen ja noch drei Rennen auf dem Plan, für die ich mich allerdings noch nicht angemeldet hatte. Monatelang die Fußverletzung zu ignorieren und einfach drüber zu trainieren, entbehrte jeglicher Vernunft. Nach einem MRT stand fest, dass ein Fersensporn auf die Achillessehne drückte und dadurch eine Entzündung entstanden war. Eine langwierige Verletzung, die ich im ersten Moment als Chance sah, um mich aufs Radfahren und Schwimmen zu fokussieren. Doch es kam anders.
An einem Freitagabend merkte ich beim Schwimmtraining, dass irgendetwas mit meinem Körper nicht stimmte. Nach dem Einschwimmen und ein paar hundert Metern Lagen standen 50er mit 25 Sprint und 25 locker auf dem Programm. Beim vierten Durchgang schnürte sich plötzlich meine Brust zusammen. Ich brach sofort ab, bin nur noch mit Brustschwimmen zum Beckenrand geschwommen und sofort aus dem Wasser. Unser Trainer kam zu mir, aber ich musste mich erst mal an den Rand setzen und tief durchatmen. Als ich so dasaß, musste ich immer wieder über das

Geschehene nachdenken und hing in einer Schleife fest, die mich immer wieder in Panik versetzte. Ich hatte Todesangst. In den folgenden Tagen versuchte ich erst mal zur Ruhe zu kommen und hatte die Hoffnung, alles würde sich von allein legen. Meine Naivität holte mich schnell ein. Es kam zu einer weiteren schweren Panikattacke an einer Raststelle, nachdem ich beim Ligarennen in Grimma als Zuschauer dabei war. Glücklicherweise konnte Christian einspringen, um die Fahrt fortzusetzen.

Die Tage nach diesem Ereignis wurden zu einer wahren Tortur. Doch glücklicherweise war ich zur rechten Zeit am rechten Ort. Mein Chef nahm mich beiseite und wir redeten über das, was vorgefallen war. Er erkannte schnell, dass hier offensichtlich kein körperliches Problem im Vordergrund stand. Es war wohl eines der besten und wichtigsten Gespräche, das ich je geführt hatte. Er stellte die richtigen Fragen und es brach nach und nach aus mir heraus. All der Druck, der sich über die Jahre aufgebaut und angestaut hatte, konnte entweichen und wurde endlich zur Sprache gebracht. In den folgenden Tagen vertieften wir den Inhalt der Gespräche. Es ging nicht nur um den Sport, sondern auch um alles, was über die Jahre auf der Strecke geblieben war. Für diese Chance zur Reflexion empfinde ich tiefste Dankbarkeit.

Parallel machte ich trotzdem sämtliche ärztliche Untersuchungen, um auf Nummer sicher zu gehen. Ich suchte mir allerdings noch professionelle Hilfe, um mich meinen Dämonen zu stellen. Das professionelle Fazit nach zwei Jahren lautete letztlich: »Die Hauptbeschwerden entwickelten sich seit Juni 2018 im Rahmen des erstmaligen Auftretens einer

Panikattacke während des Schwimmtrainings. Des Weiteren bestand in den letzten Jahren eine Selbstüberlastung im Bereich Leistungssport, einhergehend mit gesundheitsschädlichem Trainingsverhalten und starkem Wettbewerbsfokus. Es lagen im Rahmen des eigenen Infragestellens seines subjektiven Lebensfokus Schwierigkeiten bei der Neuorientierung vor.«

Mit dem Aufarbeiten meiner Vergangenheit verschwanden auch die Herz-Rhythmus-Störungen, die nach dem Auftreten der Panikattacken wieder aufgetaucht waren. Nachdem über die Jahre keine körperlichen Symptome dafür diagnostiziert werden konnten, liegt auch hier die Wahrscheinlichkeit nah, dass diese ihre Ursache in meiner Psyche hatten.

Es ging anfangs für mich darum, achtsamer zu sein. Zu erkennen, welche Situationen zu Schwierigkeiten führten und in welchen Momenten ich das Stressgefühl völlig ausblenden konnte. Die sozialen Medien taten mir in dieser Zeit nicht gut. Ständig vom Sport und von den Erfolgen anderer zu lesen, ließ die Stimmen in meinem Kopf lauter werden, die mir mein Versagen der letzten Jahre wieder in Erinnerung brachten. Für mich war es erschreckend zu erkennen, dass ich mich in nahezu allen Situationen meines Lebens verglichen hatte. Ein Charakterzug, den ich mit Unterstützung zum Großteil ablegen konnte.

Ich wollte den Blickwinkel auf die letzten Jahre ändern, denn es war nicht alles schlecht. Im Gegenteil: ich hatte eine tolle Zeit Dank des Sports, der mich mit Menschen zusammengebracht hat, die ein fester Bestandteil meines Lebens wurden. Ich habe Orte bereist und Kulturen kennengelernt, die ich sonst sicher nie gesehen hätte.

Mein Leben änderte sich in den folgenden Monaten in einem Tempo, wie ich es mir in meinen kühnsten Träumen nicht hätte ausmalen können. Nachdem ich diesem selbst gebauten Hamsterrad entwichen war, nahm mein restliches Leben an Fahrt auf. Ich lernte nicht eine, sondern die Frau kennen und möchte keinen Tag missen. Endlich erfüllte sich mein privates Glück, von dem ich als Athlet immer geträumt hatte. Sie gab mir die Chance, meine sportliche Vergangenheit aufzuarbeiten und wir gingen zusammen an die Orte, die über Jahre mein Zuhause waren. Meine Trainingsstrecken. Beim Spaziergang auf meiner alten 20-Kilometer-Runde wurde mir bewusst, was mir über die Jahre alles entgangen war. Ich blickte nach links und rechts und erblickte unter anderem ein Restaurant, das dort schon immer stand, ich aber nie bemerkt hatte. Die Strecke bin ich sicher über 50 Mal gelaufen. Ein Gefühl zwischen Entsetzen und Entspannung. Wir machten Halt und genossen eine Auszeit.

Auch beruflich ging es voran. Nachdem ich den permanenten Fokus auf den Sport abgelegt hatte, merkte ich, welche Ressourcen mir noch zur Verfügung standen. Plötzlich fühlte sich die Last der letzten Jahre nicht mehr so schwer an. Es fiel mir leichter loszulassen und nach vorn zu schauen statt zurück. Die Lust am Sport kam zwar zurück, aber nun nicht mehr als Athlet. Ich verfolge die Rennen weiter gern und freue mich immer, Wegbegleiter wiederzutreffen.

Mein Leben hat eine Wendung genommen, die so nie geplant war. Aber heute bin ich glücklich. Und das ist alles, was für mich zählt.

192

NACHWORT

Beim Schreiben dieses Buches war es ein Leichtes zu erkennen, wie absurd meine Einstellung war und wie sie über die Jahre immer extremer wurde. Trotzdem denke ich, dass ich damals selbst mit so einer Zusammenfassung zu blind gewesen wäre, um die Wahrheit zu erkennen.
Ich hatte 2014 begonnen, das Buch zu schreiben. Damals noch mit einer völlig anderen Motivation und immer in der Hoffnung auf ein klassisches Happy End. Am Ende war es für mich der beste Weg, die letzten Jahre zu verarbeiten und mein Handeln besser zu verstehen.
»Wenn ich zurückblicke und es nicht nach Hawaii geschafft habe, dann will ich mir zumindest nie vorwerfen müssen, nicht alles versucht zu haben«. Dieser Satz war für mich über viele Jahre maßgebend für mein Handeln. Ein zweischneidiges Schwert, denn ich bin mir sicher, ich habe alles versucht, aber ich hätte dabei nicht so viele Grenzen überschreiten sollen.

Zum Schluss noch ein großes Dankeschön an meine Familie und meine Freunde. Ohne Eure Unterstützung hätte ich dieser Leidenschaft nicht so lange nachgehen können.